共愛学園前橋国際大学ブックレットX

群馬で学ぶ多文化共生

西舘　崇、大嶋果織、本堂晴生

目　　次

はじめに

　2018年の夏、群馬県内のとある会場に、日本人学生が約40名、留学生が約40名の計80名ほどが集まりました。NPO法人多文化共生ぐんまが主催する「多文化の集い」に参加するためです。

　参加者たちは、幾つかのグループに分かれて、さまざまなテーマでディスカッションを行いました。その中の一つに、以下のような質問がありました。

　　　　Q．多文化共生における「共生」とは何でしょうか。
　　　　（　　　　）を自由に埋めて、話し合ってみましょう。

　　　　　　　（　　　　）＋（　　　　）＝　共　生

皆さんだったらこれにどう答えますか。

　多くのグループが、尊重＋理解、自分を知る＋あなたを知る、相互の理解＋歩み寄り、交流＋外国に行くこと、などと答える中で、あるグループから、蜂＋花、という回答が出てきました。会場からは「えー」「ふぅーん」とか「おぉー」といった、どよめきの声が上がりました。回答したグループの代表者からは、ディスカッションの趣旨をきちんと理解できておらず、すみませんでした、とお詫びがありました。

　でも、蜂＋花、という回答は謝るべきものだったのでしょうか。違いますよね。考えるべきは、私たちが普段、多文化共生ということについてどのようなイメージで語っていたのか、そこに先入観や固定観念はなかったか、ということだと思います。

　共生について考える上で、なぜ二つ分の括弧（　　）しか用意されていないのか。なぜ足し算で考えなくてはいけないのか、引き算や掛け算でも良かったのではないか、といった疑問も生まれるかもしれません。私たちは多文化共生ということを、馴染みある形式や型、内容などにあてはめて考えようとしていたのかもしれません。

蜂＋花、という回答が気付かせてくれたもう一つのことは、共生は共存とは異なるのだ、ということです。蜂は花粉を運ぶことで花の命を育みます。蜂はその一方で、巣作りに必要な花蜜を受け取ります。花蜜がないと、栄養のある巣が作れないので、蜂の子は育ちません。蜂と花は、一方は昆虫で、他方は植物ですが、互いに生かし、生かされる関係にあるのです。単にそれぞれが存在し合うだけの状況とは異なるのです。

　「多文化共生」という言葉の意味は、文字通りに解釈すると「多くの文化が共に生きる」ことと言えそうです。しかし、文化的背景が異なるもの同士が単に存在する状況は、共存とは言えても、共生とは言えません。外国にルーツを持つ人々が地域にたくさんいることが、イコール「共生」社会ではないのです。

　では、私たちはこの群馬県において、どうしたら蜂と花の関係のような、互いに生かし、生かされ合う多文化共生社会を実現することが出来るのでしょうか。

　これに答えることは正直なところとても難しいです。著者らにも実はわかりません。違う言い方をすれば、この答えは私たち一人一人にかかっているとも言えるかもしれません。でも、まずは一歩を踏み出すために、一緒に悩みながら、考えてみませんか。

　本書では、明確な答えを提示する代わりに、答えることが難しい理由を共有させて頂くことになるでしょう。私たちが問い続けることを忘れてしまった素朴な疑問も取り上げ、考えます。そもそも「異なること」って良いの？　「共に生きる」とは？　人づくりって、どんな人をつくるの？　日本人とは誰のこと？　外国人とは誰のこと？　などなど。当たり前に考えていたことを、改めて捉え直したり、考え続けたりすることが、将来を共につくっていくためのヒントにつながるのではないか、と思うのです。

2019年3月

執筆者を代表して　西舘　崇

第1章　群馬に暮らす外国人住民について学ぼう

1　統計データを眺めてみよう

　群馬県には現在、どのくらいの外国人が暮らしているのだろう。統計データに着目して、本県に暮らす外国人住民の状況を捉えることから始めよう。なお、ここで外国人とは、ひとまず「日本国籍を持たない人」と考えておこう。

　まずは現在の人口である。最新のデータによると、群馬県には現在、56,597人（2018年12月末）もの外国人が暮らしており、過去最大となっている。国籍で言えば111ヵ国におよぶ。群馬の総人口、約198万人に占める割合は2.9%なので、100人いればおよそ3人が外国人ということになる。ちなみに、日本全国の外国人総数はおおよそ256万人である。群馬は総数からすると全国12位であるが、人口に占める割合から見ると東京（3.82%）、愛知（3.12%）に次いで3位である。

　ところで、群馬県ではいつ頃から外国人住民が増え始めたのだろうか。図1は本県における外国人人口の推移を表したものである。群馬における外国人は1980年代頃までは3千人から4千人台であったが、1989年に「出入国管理及び難民認定法（通称、入管法）」が改正（1989年12月成立、1990年6月施行）されると外国人が増え始めた。入管法とは、出入国の条件や手続きのほか、外国人の日本在留に関わる要件などを定めたものである。同法の改正により、日系三世までとその家族に対し「定住者」や「日本人の配偶者等」といった在留資格が認められることとなった。これにより、かつて日本からペルーやブラジルなどに渡った移民たちの血を引く日系人らが、今度は日本を出稼ぎ先として、日本で働くことを選択し始めた。

　群馬においては、とりわけ太田市や大泉町がその出稼ぎ先として魅力的であった。なぜならこの地域では、自動車関連産業をはじめとする重工業が盛んであった一方、深刻な労働力不足に悩んでいたからである。日系人たちの存在はいわば地域産業の救いでもあった。国籍別外国人住民数の推移を確認すると、入管法の改正を前後して、特にブラジルとペルーからの日系人が急増していることがわかる。例えば、1987年の時点でブラジル人は県全体でも38人しかいなかったが、88年には342人、89年には1,275人、90年には4,100人、91年には7,341人と大幅に増

えている。ペルー人は87年の時点で０人、88年は１人だったが、89年は289人、90年は812人、91年は1,884人となっている。こうした日系人たちの多くが、太田市や大泉町に住みはじめた。

　入管法の改正から約20年間は、日本全体としても、群馬においても外国人数が右肩上がりに増えているが、2008年の世界的な経済危機（リーマン・ショックとその余波）によりその数は減少し始めた。図１に示されているように、群馬ではこの危機を契機として、５年の間に１万人ほど外国人住民数が減少している。しかし2012年以降は、徐々に外国人が増え始め、近年においては５年連続で増加していることが読み取れる。

　図２は、群馬県の市町村別の外国人住民数（2018年12月末）を表したものである。上位は伊勢崎市（12,622人）、太田市（11,140人）、大泉町（7,623人）、前橋市（6,710人）、高崎市（5,433人）である。県全体の外国人比率でいえば、これら５市町で実に７割以上を占めていることがわかる。

　５市町のそれぞれにおける人口比率では、前橋市が２．０％、高崎市が１．５％

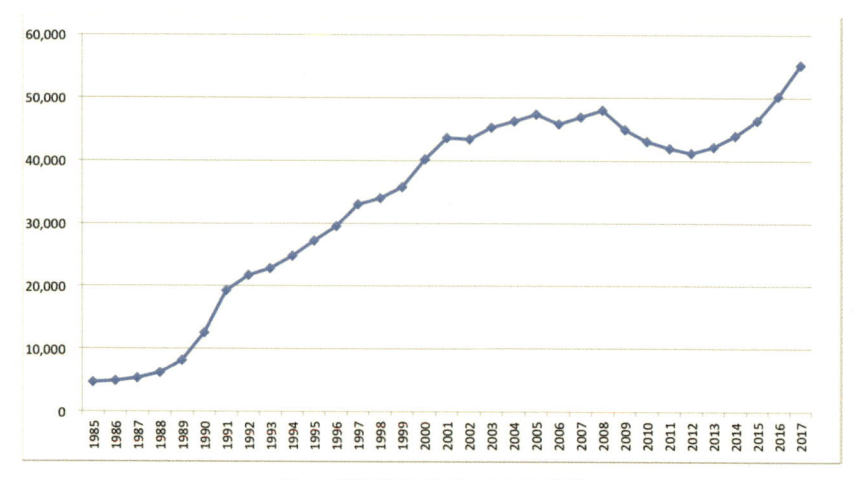

図１　群馬県の外国人人口の推移

注：群馬県による『群馬県多文化共生推進指針』を参考に著者作成（1985年から2005年までは群馬県「外国人住民数の状況」のデータを、2006年から2017年までは法務省「在留外国人統計（旧登録外国人統計）統計表」のデータを参照）

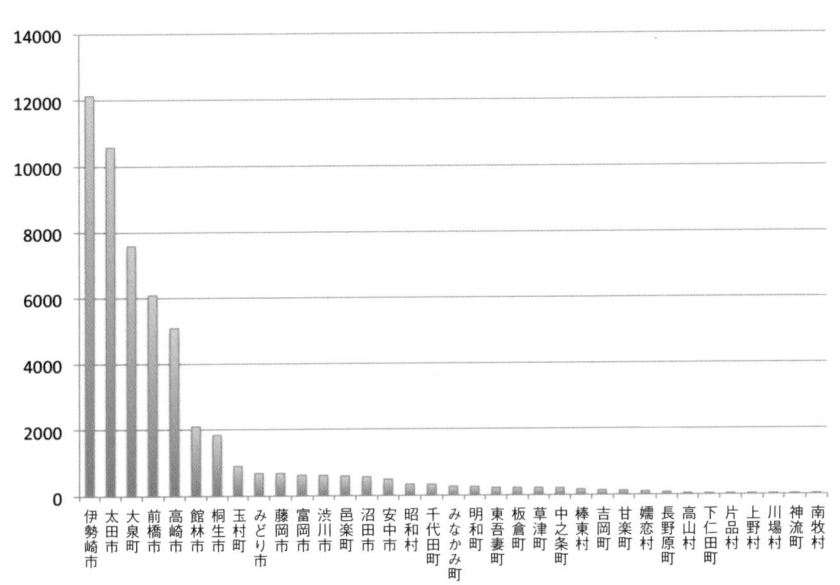

図２　群馬県の各市町村における外国人住民数（2018年末）
注：群馬県「『外国人住民数（市町村別）』2018年12月31日」から著者作成

であるのに対して、太田市では５.０％、伊勢崎市では５.９％と２倍以上の高い比率となっている。大泉町はこの中でもっとも高く18.２％である。

　国籍別外国人住民数では、ブラジル（12,191人）、ベトナム（8,174人）、フィリピン（7,984人）、中国（7,573人）、ペルー（4,559人）の順で多い。近年の傾向としては、ベトナム人が増えており、2016年から17年にかけては1,553人増、17年から18年にかけては1,157人増と、この２、３年で大幅に増加している。

２　アンケート調査から見た群馬県の姿
（１）定住先としての評価 〜 住み続けたいが、課題もある

　では、群馬県に住む外国人住民たちは、群馬での暮らしをどのように捉えているのだろうか。県が2016年に実施した「定住外国人実態調査」の結果を見てみよう。この調査は、外国人住民数の多い５市町（伊勢崎市、太田市、大泉町、前橋

市、高崎市）に住む外国人と日本人を対象とし、多文化共生についての意識を明らかにすることを目的に実施された。外国人1,115人、日本人1,313人から回答を得た。

　外国人と日本人とで質問内容は若干異なるが、その内容は大きくは次の9分野──定住意識、教育、医療・保健・福祉、雇用・労働、日本語学習・日本語教室、防災、情報提供、地域での活躍、一番困っていること──であった。

　ポイントを絞り幾つか指摘しておこう。まず「これからも今の地域に住み続けたいですか」という設問に対しては、7割近い外国人住民が「今の地域に住み続けたい」と答え、少数（7％ほど）が「別の地域に移りたい」と考えていることがわかった。伊勢崎市を含む5市町に対する定住意識は比較的高いといえよう。

　しかし問題がないわけではない。初等教育に関しては約4割の子どもたちに日本語指導が必要であると指摘されており、また子どもの教育に対しての心配ごと（複数回答可）では約3割が「勉強内容を自分（親）が教えられない」「学校などでの人間関係」と挙げている。また「日本での進学や就職が難しい」「母国語が十分に学べないこと」「教育資金（が心配）」といった声も聞こえている。

　日本語の難しさなどに起因する「言葉の壁」も、様々な具体的課題として表出している。医療関連分野では、調査対象の約半数近くが「日本語で自分の症状を伝えることができない」と回答している。「今、一番困っていること」の第1位は「日本語がわからない」であった。日本語の学習意欲については8割以上の外国人住民が勉強したいと考えているが、その多くは「仕事が忙しく日本語教室に通えない」状況だ。

　言葉がわからないと、防災対策や情報収集といった諸点でも大きな影響を受けるのではないか。外国人住民で避難場所について知っている人は6割程度にとどまっている。情報の主な入手先については、半数以上が「友人・知人の口コミ」と答え、市町村の広報誌は2割、公的機関のホームページは1割程度であった。緊急時における情報の精度を確保しながら、いかに外国人住民へ情報を伝えるかが問われているといえよう。

（2）積極的交流に慎重な日本人

　アンケート調査は、外国人住民と日本人住民の意識の差も明らかにしている。

　図3と図4は、交流に対する意識調査の結果をまとめたものである。図3からは、日本人と「積極的に交流したい」と考えている外国人住民が全体として7割近くいることが確認できる。ブラジル人や中国人は「必要最低限の交流でよい」と考えている割合も多いが、フィリピン人とベトナム人については8割以上が積極的な交流を望んでいることがわかる。

　日本人の意識はどうだろう。図4からは、外国人住民との関わりを積極的に深めた方が良いと思っている日本人が全体で15%程度であることがわかる。そして「生活上、必要最低限はしたほうがよい」と答えた人が5割ほど、「特に深めなくともよい」が2割ほどいることがわかった。積極的な交流を求める傾向は、外国人住民数の比率が高い伊勢崎や太田、大泉で低く、前橋や高崎とは結果が異なることにも注目したい。前橋や高崎では積極的に関わりを深めたいと考えている人が、伊勢崎などと比べると約2倍以上いることがわかる。

　外国人住民に対する日本人住民の消極的な姿勢の背景には一体何があるのだろうか。一つには、同じ地域に住む隣人として、日本人が外国人をどう捉えているかによると思われる。調査によると、外国人住民が地域に増えたり、活躍したりすることに対して「好ましい」と考える日本人は全体として5割ほどしかいなかった。好ましいと考える理由（複数回答可）は「地域の活性化につながる（54%）」、「労働力が補充される（75%）」であった。好ましくないと考える理由は「日本固有の文化がそこなわれる（23%）」「治安・風紀が乱れる（56%）」などであった。

　二つには、年齢差による捉え方の違いである。調査によれば、外国人住民に対するまなざしは年代別で大きく異なる。20代以下では約3割が外国人住民の増加を肯定的に捉えている一方、年代が上がるにつれて肯定的に捉える人数は減少する傾向にある。

問：日本人との交流についてどう思いますか

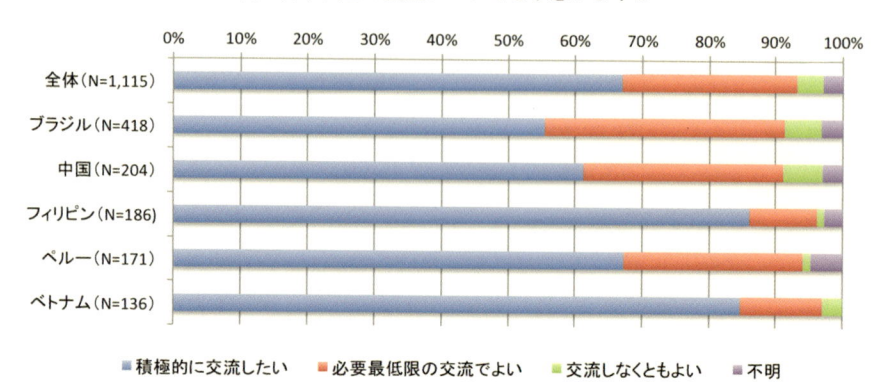

図3　交流に関する外国人の意識調査結果
注：群馬県『定住外国人実態調査』（2016年）より著者作成

問：お住いの地域では、外国人住民との関わりは深めるべきだと思いますか

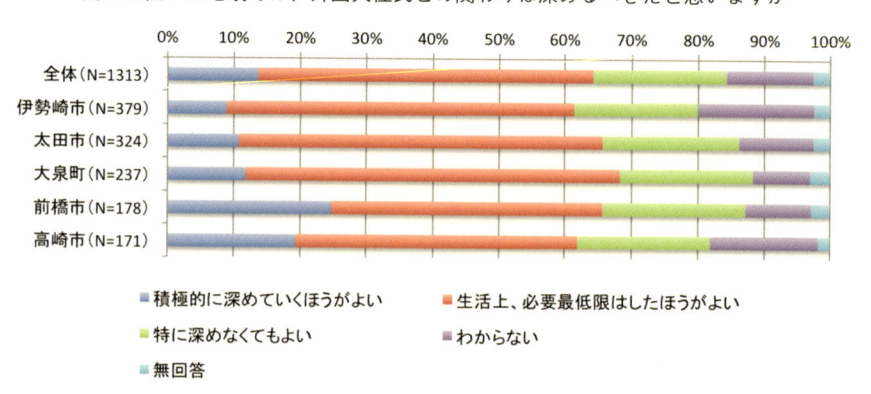

図4　交流に関する日本人の意識調査結果
注：群馬県『定住外国人実態調査』（2016年）より著者作成

3　外国人住民の挑戦と葛藤

（1）夢への挑戦、その行方は・・・

　本章ではこれまで、群馬県に住む外国人住民の様子を統計やアンケート調査から眺めてきたけれど、本節ではより具体的に、著者らが行った聞き取り調査からその実態を見ていこう。登場する3名は、いずれも伊勢崎市在住の20代から30代前半までの若者である。同じ地域、年代でも、異なった環境に置かれていることがわかると思う。

　3人のうちの1人目は有富はじめさんで、ペルー出身の両親のもと日本で生まれた。今は、共愛学園前橋国際大学で学ぶ4年生だ。2人目は山本雄次さんで、1980年代初頭にベトナムで生まれて間もなく、戦争の余波でボートピープルとなった。後に、インドシナ難民として認定され、来日は1991年、伊勢崎市には1992年から住み始めた。現在はベトナム人材の派遣会社代表を務める。最後に葉内アンドレさんは、1980年代初頭にブラジルに生まれ、1991年に家族と共に伊勢崎市にやってきた。高校卒業後に伊勢崎市内で就職したが、長くは続かなかった。その後、数年して起業し、現在はカーショップの経営者となった。

　3人の今を眺めると、それぞれに充実した生活を送っているように見えるが、以前は真逆のような生活であったという。有富さんは「父母が学校の配布物（プリント）に何が書いてあるのか全く読めなかった」と振り返る。親が学校での出来事について理解できないので会話も盛り上がらず、ついには面倒臭くもなり、親子でのコミュニケーションが減った。妹が生まれてからは、勉強したい、友達と遊びたいと思っていても、妹の通訳やら手伝いやらで疲れてしまった。

　山本さんは、仕事をするために日本語を学んだが、日本社会の文化やルール、習慣に馴染めず、仕事に就けない日々が続いた。ベトナム人ということで門前払いされたことも多々ある。日本で就職するためには能力ではなく、人間関係が必要だと気付き、自分の境遇を恨んだ。親に「ばかやろう」と叫んでしまった。謝りたくて書いた手紙に、日本語で「産んでくれて、ありがとう」と書いた。けれども「その日本語、親が読めなかったわけ。親が、日本語が読めないということに、そのとき初めて気付いたわけ。泣けて、悔しくて、どうしようもなかった」と振り返る。親の稼ぎで生活が困難なため、日本語の勉強と職探しは続いたけれ

ども、なかなかうまくいかなかった。

　葉内さんは「認めたくはない」と前置きしながら「私たちは日本人じゃない、というだけで社会的弱者だと思う」と語る。彼は高校までの学歴を理由に、どこへ行っても就職できなかった。「でも、日本人の場合は、高卒でもたくさん働き口があるはずだ。自分だけおかしい」と気付いた。葉内さんは、日本に住む外国人は果たして日本人と同じスタートラインに立っているのだろうか、と問題提起する。「立っていない」「差別されている」が彼の結論である。

　３人それぞれのケースから何が読み取れるだろうか。問題の重なりや関連性が見えてくるのではなかろうか。例えば、言葉に関する問題は、社会との関係（例えば、学校に行き勉強したり、友達と遊んだり、就職活動をしたり、実際に企業で働いたりすること）を作る過程に影響を与えているし、親子間でのコミュニケーションのあり方をも変えうる。また、親が日本語を話せないということは、暮らしに必要なお金の問題にも直結するのではないか。日本社会で働くには、日本語を話せることが基本的な前提条件となっていることが多いからだ。日本語ができないと、良い仕事には就けないかもしれない。

（2）出会いと自分らしさへの気付き

　では、外国人住民は葉内さんが語るように「社会的弱者」なのだろうか。３人がどのようにそれぞれの苦境を脱したのか。その様子に注目しながら本章を終えたい。３人に共通するきっかけは「出会い」と「自分らしさに気付くこと」である。有富さんは「学校と自分を、さらには学校と父母をつなぐ存在（バイリンガルの指導助手）」と出会い、学校と家庭での過ごし方が劇的に変化したと語る。勉強が楽しくなり、中高時代には学年上位の成績で卒業。そして奨学金付きで大学進学を実現した。日本語ができなくとも、英語とスペイン語ができることが自分の自信であり、励みにもなった。また、高校時代には、自分と同じような外国にルーツを持つ人たちに積極的に声をかけ、エールを送る社会科の先生に出会っ

たという。この先生から有富さんは、自分の持つルーツを強みとして生かすことを教わり、今もその教えを実践していると話す。

　山本さんは、地域のボランティア活動に自ら積極的に参加して、毎回、元気な挨拶を心がけていた。そうすると、近所の付き合いが少しずつ生まれ、人を紹介してもらうようにまでなった。この段階で初めて仕事が増え始めた。日本語ができるということよりも、大きな声での「いつもの挨拶」が、近所の日本人と彼とをつないだのである。

　葉内さんは少年野球チームに誘われ、入団した。監督や友人から日本社会のあり方や日本人とのつき合い方について学んだ。日本では「出る杭になってはいけない」と考えていたが、スポーツなどの世界では、自分の強さを発揮できる舞台があることを知った。

　山本さんも葉内さんも、日本語に磨きをかけるのと同時に、自分にしかできないことを探し始めた。それぞれバイリンガル（ベトナム語と日本語）、トリリンガル（スペイン語、ポルトガル語と日本語）となり、語学力を生かしながらそれぞれの分野での事業を展開し始めた。過去の自分たちと同じ境遇にある人々に対しては、就職の機会や職業訓練の場を提供したり、研修なども行ったりしているようである。

　一つの出会いが、自分らしさへの気付きをもたらしたのか。あるいは、その逆なのかは分からない。けれども、「出会い」や「自分らしさの発見」がこの３人に共通する一大転換点となったことは確かだと思う。では逆に、こうした出会いや自分らしさの発見がなかった場合はどうなってしまうのだろうか。そもそもこの３人は、群馬県に住む外国人住民の典型的な代表例なのか、あるいはごく少数の例外なのだろうか。

　本章ではまた「外国人」を「日本国籍を持たない人」と考え、各種データを読み解いてきたけれども、三人の話にじっくりと向き合ってみると、国籍だけで彼らを捉えるのは強引ではないかと思う。むしろ一人一人のストーリーに寄り添うことが、今こそ求められているのではなかろうか。

　限られたデータや調査、さらには一つの事例などから急いで一般化することはせずに、外国にルーツを持つ人々のそれぞれのストーリーに耳を傾けていこう。

☆　この章のまとめ

（１）群馬県における外国人住民の数は近年増加する傾向にあり、2018年12月末には過去最多となる56,597人を記録している。

（２）定住外国人調査によると、群馬に住む外国人住民の約７割近くが、現在の地域に住み続けたいと考えているが、子どもの教育や医療・保健、日本語学習といった分野において不安を抱えている。

（３）定住外国人調査によると、日本人と積極的に交流したいと考える外国人住民は約７割に上るが、積極的交流が必要だと考える日本人は少ない。日本人の多くは、外国人住民が増えることによる「治安・風紀の乱れ」などを気にしている。

（４）伊勢崎市在住の外国にルーツを持つ三人の若者は、「人との出会い」と「自身の強み（語学など）への気付き」により、自分らしく生きることを選択し始めた。

★　みんなで話し合ってみよう

（１）自分が住んでいる地域の外国人住民数を調べ、気付いたことを話し合ってみよう。

（２）あなたにとって日本人とは、あるいは外国人とは、どんな人を指すのだろう。考えたことを話し合ってみよう。

（３）なぜ外国人は日本人と積極的な交流を求めているのだろう。その一方で、なぜ日本人は交流に消極的なのだろうか。その理由を話し合ってみよう。

コラム1 「在留資格」って何だろう

　最近、テレビや新聞で「在留資格」という言葉を聞いたり、読んだりしたことはあるだろうか。これは、日本に入国し滞在するために必要な条件や要件、基準などが示された、いわば許可証のようなものである。ちなみに在留とは、ある期間、ある土地に留まって住むことであり、特に母国から離れて外国に住む場合に用いられる言葉である。例えばブラジル人で日本に住むAさんについては「日本に在留している」と言うが、日本人で日本に住むBさんに対しては在留という言葉はほとんど使われない。

　在留資格には在留して良いとする期間が定められており、15日以内、3カ月、6カ月、1年、3年、5年、無期限などがある。認められている資格の数は、現在（2018年）のところ、実に30にも及ぶ。例えば、外交官や国際機関で働く人なども「外交」とか「公用」といった在留資格を得て、仕事をしている。来日中のアーティストには「芸術」といった在留資格が与えられ、外国メディアの記者らには「報道」、医師や看護師には「医療」、留学生には「留学」といった資格が与えられている。父母が日本に滞在している場合、その子どもや配偶者が得る資格は「家族滞在」などと呼ばれる。政府から永住を許可された「永住者」などの資格もある。2019年4月からは新たな在留資格「特定技能1号・2号」が創設された。

　在留資格の種類（職業や滞在の目的）から、外国にルーツを持つ人々について捉え直してみてはどうだろう。単に「国籍」から考えるよりも、彼女たち・彼たちの日本滞在の理由や背景、ストーリーを知るきっかけになるのではなかろうか。

コラム2　ブラジリアンタウンの「日本定住資料館」に行ってみよう

　日本と移民とのかかわりはいつから始まったのだろう。そしてそこにはどのような背景があったのだろうか。大泉町にある「日本定住資料館」は、約100年以上前にさかのぼりながら、日本と移民との関係を現代に伝える、とても貴重な歴史資料館だ。

　最初の展示内容は、なぜ日本から多くの人々がブラジルへ渡ったのか、という問いかけから始まる。そして、140年前のブラジルに奴隷制度があったこと、奴隷制廃止によって農業労働人口が大幅に減少したこと、ヨーロッパから移民を受け入れはじめたことなどが説明される。この延長線上に、日本からの移民受け入れが初めて説明される。第一回目の移民船が日本を出港したのは1908年。今から100年以上前の話だ。

　続く展示は、ブラジルでの日本人の暮らしから、戦前・戦後の様子、そして1980年代の「デカセギ」（日系ブラジル人らが日本に出稼ぎにやってくること）の様子が描かれる。その上で、入管法改正（1989年）、リーマンショック（2008年）、東日本大震災（2011年）の影響が説明される。

　開館は2017年。日本に住むブラジル人や日系人らにとって心の拠り所であった「ブラジリアンプラザ」（当時）が閉鎖に追い込まれたのは、2008年のリーマンショック後だった。そんな中にあって開館まで辿りつけたのは「この代表的モニュメントをなんとか立て直し、日系人たちを支えたい」という想いだった。そう語るのは、愛知県を中心に日系人の受入事業を展開するアバンセコーポレーションの林勉さんだ。林さんらの「支えたい」という想いは資料館の設置だけに留まらない。将来的にはこの施設を「外国人の障害者らも含め支援する『障害者総合福祉施設』にしたい」とのことである。

　これからの移民と日本社会のあり方を考えるためにも、プラザに一度足を運んでみてはいかがだろうか。

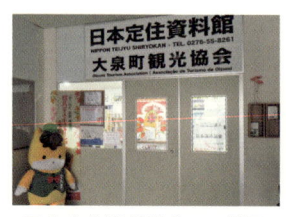

日本定住資料館入口の様子

展示の様子(1)

展示の様子(2)

第2章 「異なること」はなぜ良いの？

1 アキさんのストーリー

アキさんは群馬県で暮らす日系ペルー人。小学校3年生のアキさんには悩みがある。それは自分の名前が友だちとちょっと違っていることだ。アキさんの名前は、アキ・マリア・ヒガ・ナカムラ。アキとマリアが日本の名にあたる部分で、ヒガとナカムラが姓にあたる部分だ。

ペルーでは名が複数あるのはごくふつう。また、姓は父方と母方、両方から受け継ぐ。だから多くの人は四つ以上の名前を持っている。けれども日本では違う。姓は一つ、名は一つだ。だから、アキさんの名前を聞くと、みんな、驚いた顔をしたり、困った顔をしたりする。

小さい頃から、自分の名前が周りの人を戸惑わせる経験をしてきたアキさんは、最近では周りに合わせて、ナカムラ・アキと日本風に名を短くし、姓を先に名を後にして使うようになった。でも、今度はカタカナが気になるようになってきた。外国人だとすぐわかってしまうからだ。

アキさんは、国籍はペルーだが、外見は日本人。祖父母が日本からペルーに移住した日本人だからだ。家ではペルー育ちの両親とスペイン語で会話をするが、友だちとは上州弁の混じった日本語で会話する。日本で生まれ、日本で育ったアキさんにとっては、言いたいことをうまく表現できるのは日本語のほうだ。ペルーには行ったことがない。それなのに、名前がカタカナなので、外国人だねって言われてしまう。

アキさんは「外国人」という言葉が嫌いだ。「あなたは別」、と言われている気がするからだ。友だちとけんかをした時に、「アキは外国人だから」と仲間はずれにされた経験があるからかもしれない。どうして私の名前はカタカナなの。漢字の名前がほしいと何度もお母さんに頼んだけれど、お母さんは困った顔をするばかりだ。

そんなアキさんに転機が訪れた。友だちの智美さんの家に遊びに行った時のことだった。智美さんのお母さんが、アキさんに聞いたのだ。「アキちゃんの名前、たくさんあるでしょ。全部教えて」と。

14

　アキさんはびっくりした。そんなことを聞かれたのは初めてだったからだ。どうやら、智美さんのお母さんは名前に興味があるらしい。

　アキさんが「アキ・マリア・ヒガ・ナカムラ」と小さい声でささやくと、智美さんのお母さんは「ステキねえ」と言ってくれた。「アキ」はお父さんとお母さんが考えてくれた名前、「マリア」はペルーで人気のある女の子の名前、「ヒガ」はお父さんの姓、「ナカムラ」はお母さんの姓と説明すると、お母さんは言った。「お父さんの名前とお母さんの名前を受け継げるなんて、うらやましいわ。日本では結婚する時、姓を一つ選ばないといけないから、どっちにするか、ケンカになることもあるのよ」。へえ、そうなんだと、アキさんは初めて思った。

　お母さんは続けた。「それに、智美が生まれた時、お父さんとお母さんが考えた名前と、おじいさんとおばあさんが考えた名前が違って、「智美」って決めるまで大変だったのよ。名前を二つつけることができたらよかったのに」。そして言った。「アキちゃんの名前は、四つ、全部そろってアキちゃんなんだから、大事にしてね。アキ・マリア・ヒガ・ナカムラっていう名前に、家族の歴史やアキちゃんへの愛情がつまっているのよ」。

　今まで自分の名前に引け目を感じてきたアキさんは、なんだかほっとした。もしかしたら、私の名前ってとってもかっこいいのかもしれない。アキさんはうれしくなってきた。

2　世界中のいろんな名前

　アキさんのストーリーは、「同じこと」と「異なること」について、大切なことを教えてくれる。

　みんな、自分の名前をもっている。それは、世界中、どこに住んでいても同じだ。なぜなら、名前はその人を他の人から区別するものだからだ。名前を呼ばれることによって、その人は「その他大勢」ではなく、「かけがえのない〇〇さん」

になる。名前をもつことは、人が人として認められ、生きていくための土台なのだ。

　名前は大切。みんな、名前を持っている。これはみんなに共通する「同じこと」。でも、だれが名前をつけるか、どんな名前をつけるか、名前を構成する要素はなにか、名前をいくつ持つか、名前をどう表記するか（例えば姓が先か、名が先か）、一生名前を変えられないか、それとも途中で変えられるのか、結婚したら姓はどうなるのかなど、名前をめぐる考え方や習慣、あるいは決まりごと（名前に関する法律がある国もあれば、ない国もある）は時代と場所によって大きく違う。アキさんのように、名も姓も複数もつ人々もいるし、名一つだけで姓をもたない人々もいる。これが「異なること」だ。

　どうして世界にはいろんな名前があるのだろう。それは文化が違うからだ。さまざまな文化的背景をもった人々が暮らすようになった日本には、今、いろんな名前の人が暮らしている。

　例えば、ヴー・フォン・タオさん。タオさんは3年前にベトナムから来日した留学生だ。ベトナムでは、名前はたいていの場合「姓」「テンデム（「間の名」という意味）」「名」という三つの要素で構成されている。真ん中のテンデムは性別に関係していたり、一族の系統をあらわしていたり、いろんな機能をもっているらしい。しかし、日常生活では姓やテンデムが使われることはほとんどなく、みんな三つ目の名を使って呼び合う。だから、タオさんは「ヴーさんではなくタオさんと呼んでね」と言う。

　姓をもたない人々もいる。長く日本で働くミャンマー出身のセインツァウーさんは、日本の習慣に合わせて、セインを姓、ツァウーを名として使っているが、本当は、名前はセインツァウー一つで、姓はないのだ。「日本の人は名前が一つだけということをわかってくれないんですよ。姓がないはずがないと言って。それで仕方なく名前を二つに分けて使っているんです」とセインツァウーさんは苦笑いする。

　オーストラリアから来た英語の先生メアリー・ジル・ヘドランド-アンダーソンさんは元の名前をメアリー・ジル・ヘドランドという。ケント・アンダーソンさんと結婚したので、自分の姓と夫の姓をハイフン「-」でつないで「ヘドラン

ド-アンダーソン」にした。「せっかく結婚したのだから、姓も結合させようと思ったの」。でも、姓の真ん中にあるハイフン「-」を見ると、日本の人は怪訝な顔をする。「だから、その度に説明するのよ」とメアリーさんは明るく言う。

　宗教に関係した名前もある。20年前にパキスタンから日本に来たハーフィズ・モハンマド・アハマド・カマルさんはイスラム教のイマーム（指導者）だ。パキスタンはイスラム教の国。名前もイスラム教の神アッラーの性質に関する言葉や預言者の名前が使われることが多い。カマルさんの名前もイスラム教で最大で最後の預言者ムハンマドに由来する。そしてなにより名前の冒頭の「ハーフィズ」は、クルアーン（イスラム教の聖典コーランのこと）を全部諳んじることができる人だけが名乗ることができる名前なのだ。ちなみに、パキスタンにも姓という概念はないという。

3　日本の中のいろんな名前

　日本は同質性を求める社会だと言われている。みんな同じになろうとする力が働く社会だということだ。そんな社会で「姓が一つ、名が一つ」ではない名前を使うのはなかなか大変だ。あからさまにイヤな顔をされたり、勝手に手を加えられたりすることもある。そんな経験を重ねると、アキさんやセインツァウーさんのように、自分の名前をはじめから日本風に縮めたり分割したりして名乗りたくなってしまう。でも、それはとても残念なことだ。名前の持ち主にとっては、自分のルーツに繋がるかけがえのない名前だし、日本人にとっては、世界の名前文化の多様性を知る大切な機会になるからだ。

　たとえば、智美さんのお母さんは、長い間、名前といえば「姓と名」しかないと思いこんでいた。ところが、PTA活動で日系ブラジル人のお母さんと仲良くなり、名前に興味をもつようになった。ペルー同様、ブラジルでも子どもが父方の姓と母方の姓の両方を引き継げるということを知って、うらやましく思ったのがきっかけだ。智美さんのお母さんは一人っ子だったために、結婚改姓によって生家の姓が途絶えてしまったことを残念に思っていたのである。

　智美さんのお母さんはその後、名前について調べ始めた。そして、日本で名前が「姓が一つ、名が一つ」という形になったのは明治以降で、それまでは名前の

形態は社会的身分や性、職業、地域などによって多様だったということを知った。例えば、ある時代ある身分の人たちは、子どもの頃は幼名を、大人になったら成人名を、年をとって出家したら法名を名乗っていた。名前は変えるものだったのだ。そういえば「上毛かるた」に登場する「新田義貞」も別名を「小太郎」、本来の氏は「源」だと聞いたことがあるなあと智美さんのお母さんは思った。つまり、日本でも名前の形態は時代によって変化してきたのである。

　実は、最近でも変化がある。かつての日本では、外国籍の人が日本国籍を取得するために帰化申請（本人の申請に応じて日本国籍が与えられることを「帰化」という）すると、名前を日本的な氏名に変えるように強要されることがあったという（姓のことを法律では「氏」と言うので、ここでは「氏」を使う）。けれども、名前はその人のアイデンティティと深く結びついている。そこで1980年代になって、いったんは日本的な名前で日本国籍を取得した人たちが、自分たちの元の名前を取り戻したいと裁判に訴えるようになった。その結果、1982年には日本人女性と結婚したベトナム出身の男性が「トラン・ディン・トン」という元の名前を復活させた。1987年には朝鮮出身の朴実（パクシル）さんがそれに続いた（ここで「朝鮮」とは、朝鮮半島が南北に分断される前の朝鮮を意味する）。

　また、新たに帰化申請する人たちの中にも自分の本名を大切にしたいと考える人たちが増えてきた。ソフトバンク会長の孫正義（そんまさよし）さんは1991年に帰化申請した際、「孫」という文字は日本の姓にないから日本的な氏にするようにと法務省から連絡を受けたが、日本人の妻がまず「孫」に改姓することで（国際結婚の場合、別姓にすることもできるが、相手方の姓に変えることもできる）、最終的には孫という本名で日本国籍を取得することができたという。今では、使用できる文字に一定の制限はあるが、日本的な氏名を勧められることなく、自分が希望する氏名を戸籍名として申請できる。例えば、2012年に日本国籍を取得した米国出身の日本文学研究者・故ドナルド・キーンさんは、氏をキーン、名をドナルドと元の名前をカタカナ表記にして戸籍名にしたことが知られている。

4　「異なること」はなぜ良いの？

　「なるほど」と、智美さんのお母さんの頭に、野球のダルビッシュ有やサッカー

のハーフナー・マイクなど、カタカナ名の
日本人選手の名前が浮かんだ。日本人の名
前も多様化してきているのね。お母さんは
日本社会のグローバル化を実感した。

　そうなのだ。すでにみたように、今、日
本には250万を超える外国人が暮らしてい
る。そればかりではない。孫正義やドナル
ド・キーンのように、外国籍から帰化して
日本国籍になった人たちもいる。その数は
1952年から現在まで54万人。その人たちか
ら生まれた子や孫の数を推測すると、帰化した人たちとその子孫、いわば「外国
系日本国籍者」は80万人以上と考えられる。

　また、国際結婚で生まれる日本国籍の子どもたちも増えている。日本では両親
ともに外国籍だと外国籍のままだが、両親のどちらかが日本国籍だと子どもも日
本国籍（あるいは二重国籍）になる。その数は統計がある1987年から現在までで
約69万人だ。すでにこの人たちから生まれた子どももいるので、その子たちもあ
わせると国際結婚系の日本国籍者は80万人くらいではないだろうか。

　つまり、日本には外国籍の人ばかりでなく、外国にルーツをもつ日本国籍の人々
も160万人以上暮らしていることになる。そして、これらの人たちの名前はまさ
に千差万別。古くから日本にある姓の人もいれば、孫正義のように、日本にはな
かった姓を新たに名乗る人もいるし、外国姓をカタカナ表記にして日本の姓にす
る人もいる。名に至ってはもっといろいろ、ではないだろうか。そして、名前に
込められた思いは深い。

　曾祖父母の代に朝鮮から来日し、両親の代で日本国籍を取得した韓国系日本人
の金明信さんは言う。「日本語読みにすると僕の名前は『きんあきのぶ』だけれど、
僕は『キム・ミョンシン』と韓国語読みにしています。僕自身は日本生まれ日本
育ち、サッカーのワールドカップでは日本を応援する日本人なんだけれど、韓国
からやってきてとても苦労したおばあちゃんたちのことを覚えていたいと思って
いる。だからせめて名前は韓国語読みにしよう と…」。

　タンザニア出身のお父さんと日本人のお母さんの間に生まれたムレマナイス愛子さんの事情はこうだ。「ムレマはお父さんの姓なの。名前はナイス愛子。ナイスはタンザニアのお祖母ちゃんの名前で、本当はミドルネームにしたかったのだけれど、日本の戸籍には書く欄がなくて。それで、愛子とつなげてナイス愛子にしたんだって」。そして言う。「お父さんのこと大好きだから、ムレマって姓も好きだし、離れて暮らしているお祖母ちゃんの名前がついているのもいいと思う。けれど、名前だけでみんなから外国人って言われるのはとてもイヤ。それに、見た目がアフリカ系なので、スポーツができて当たり前って見られてしまうのもイヤ。スポーツが苦手なアフリカ人もいるんだよ」。

　名前だけではない、外見もさまざまなルーツを反映した日本人も一緒に暮らしているのが今の日本社会なのだ。

　「自分と異なる人と出会うって、楽しいですね」と智美さんのお母さん、井上暁美さんは言う。「ブラジル人のお母さんやアキちゃんとの出会いから、名前についていろんな発見がありました。こんな考え方があるんだとか、こんなふうにしても構わないんだとか。私の世界が広がりました。いろんな名前の人が増えたら、これからの日本の名前も変わっていくかもしれませんね。それを不安に思う人もいるけれど、私はいいんじゃないかなと…。だって、日本の歴史を振り返っても、名前のあり方は不変じゃなかった。社会は変化していくものなんですよ」。

　確かにそうだ。もしみんなが同じ顔、同じ名前、同じ考え方だったらどうだろう。社会は停滞してしまう。社会が創造的に変化し、発展していくためには「異なり」が必要なのだ。「異なるもの」が出会って、刺激し合って、ぶつかったり融合したりしながら、新しい文化や制度が生まれてくる。だから「異なること」はとても大切。「異なるもの」同士の良い出会いが豊かな未来を創っていくのだ。

　同質性を求める日本社会では、「異なること」に引け目を感じたり、恥ずかしく思ったりしがちだ。けれども、「異なること」は良いことなのだと、日本人も外国人も自信をもとう。日本人と外国人だけが違うのではない。日本人の中でも違いがあるし、外国人の中でも違いがある。それは当たり前なのだ。だって、一人ひとり名前が違うように、一人ひとり異なる人間なのだから。

☆　この章のまとめ

（1）誰もが名前を持っている。名前は人が人として生きていくために必要な基本的人権の一つだ。でも、どんな名前をもつかは文化によって異なる。

（2）「姓一つと名一つ」が当たり前とされる日本では、そうでない名前をもつ外国人はちょっと暮らしにくい。特に子どもは自分の名前に引け目を感じてしまう。しかし、名前にはその人の文化や家族の歴史が詰まっている。名前が尊重されることは、その人が尊重されることだ。

（3）外国にルーツをもつ人が増えてきたことによって、日本人の名前も多様化してきている。多様化はとても大切なことだ。なぜなら異なる者同士の出会いによって、新しい文化が生まれ、社会が変化し、発展していくのだから。

（4）「異なること」を恐れないで、それぞれの「異なり」を大切にしよう。それが豊かな未来を創っていく。

★　みんなで話し合ってみよう

（1）それぞれの名前の由来を紹介し合おう。そして、「すてきな名前だね」と言い合ってみよう。

（2）お互いの「同じところ」「異なるところ」を探してみよう。日本人同士でも出身地や家族によって異なる文化がある。「同じところ」「異なるところ」を見付けたら、そこから気付くことを話し合ってみよう。

コラム３　子どもの味方「子どもの権利条約」

　子どもはどこに生まれるか選べない。生まれてきたらそこは日本だった、ブラジルだった、シリアだったのだ。子どもは親を選べない。生まれてきたら親は裕福だった、貧しかった、あるいは、移民だった、難民だったのだ。

　戦争の只中に生まれてきた子は運が悪かった、貧しい親の元に生まれてきた子は残念だったと人生をあきらめねばならないのだろうか。いや、そんなことはない。世界のどこに生まれても、すべての子どもが安心して成長していけるように、大人たちが協力し合わなければならない。そう考えて作られたのが「子どもの権利条約」である。1989年12月、国際連合総会で採択され、翌年発効した。

　日本はこの国際条約を1994年に批准したが、注目したいのは、日本が守らなければならない子どもとは日本国籍の子どもだけではないということだ。日本で暮らす全ての子どもの権利が大切にされなければならない。子どもは世界の子どもなのだ。

　日本で暮らす外国人の子どもの中には、言葉がわからずに授業についていけなかったり、文化や習慣の違いからいじめられたり、さまざまな事情で小学校にも中学校にも通えていない子どもがいることがわかっている。その中には働いている子どももいるという。また、日本には朝鮮学校や韓国学校、中華学校、インターナショナルスクールのほか、ブラジル学校、ペルー学校、インド学校など、異なる歴史と特徴をもつ外国人学校がある。こうした学校の多くはそれぞれの言語で普通教育を行っているが、日本では「正規の学校」として認められていないため、助成金が受けられなかったり、学校給食法や学校保健安全法の対象外であったりして、その運営は困難を極めている。

　学ぶということは、人間が生きていく土台を造っていくことなのだから、こうした状況を改善して、外国人の子どもも安心して学べる環境を整えていくことが今、求められている。

　子どもの「教育を受ける権利」について書かれているのは第28条だが、他にどんな権利があるのか、調べてみよう。

コラム4　多様なルーツ、多様なアイデンティティ

　共愛学園前橋国際大学で学んだ上原メラニエイミさんは、卒業論文のテーマに「アイデンティティ」を選んだ※。日系アルゼンチン人として、日本とアルゼンチンを行き来しながら育った上原さんは、子どものころから「自分は何者だろう」という問いに悩んできたからだ。

　上原さんは日本からアルゼンチンに移住した移民1世、子の世代にあたる2世、孫の世代にあたる3世にインタビューして、1世は日本人としての誇りを強くもっているが、2世はむしろアルゼンチン人としての意識が高く、3世は民族や国籍に関するアイデンティティにこだわらないということを発見した。特に3世は日本以外にもイタリアやスペインなど、複数の民族的ルーツをもつようになっているので、どこか一つの民族に絞ってアイデンティティ形成することが難しいのだという。

　上原さんは、国境を越えた人の移動が盛んな現代社会にあっては、子どもたちはできるだけ幼い頃から学校でその国の移民の歴史を学び、多様な文化的背景をもつ人たちの経験を聞き、さまざまなルーツを持つ人たちと交流することが大切だと考える。そうすることで、外国にルーツをもつ子どもたちは自分のルーツに向き合う機会を得られるし、日本の子どもたちは友だちに向かって「何人？」ではなく、「どこのルーツを持っているの？」という思いやりのある聞き方ができるようになる。

　日本でもアルゼンチンでも、世代が進むにつれ、複数の民族的ルーツを持つ人々が増えてくるのは間違いない。卒業論文のために家族の移民の歴史を調べた上原さんは、自分が多様な文化的背景をもつ「多文化人」であることに胸を張って生きていきたいと考えている。

※上原さんの論文テーマ「グローバル化社会におけるアイデンティティ形成に関する考察―　日系アルゼンチン人としての経験をもとに」

第3章 「共に生きる」ってどういうこと？

1　トラン・カ・ホアンさんのこと

　1章で紹介した有富さん、山本さん、葉内さんも、また、2章で紹介したアキさんも、さまざまな出会いを通して、他の人とは一味違った「自分らしさ」を発見し、日本社会で暮らしていく足がかりを見つけることができた。異なることに自信を持てるようになったのである。

　しかし、出会いはいつもこんなふうにうまくいくとは限らない。有富さんたちもアキさんも、転機となった良い出会いの前に、自信を失わせる残念な出会いを繰り返している。言葉が十分でないために関係を築けなかったり、外国人だということで門前払いされたり、日本風でない名前のために困った顔をされたり。そんな悲しい出会いばかり続いたとしたらどうだろうか。気持ちが滅入ってしまうに違いない。

　気持ちが滅入ってしまっても、うまく気分転換できたり、支えてくれる友達や家族がいたら、何度でも立ち直れるだろう。大変だけれど頑張ろうと思えるかもしれない。でももし、そう思えなくなってしまったら…。

　そんな一人にトラン・カ・ホアンさんがいる。ベトナムからの難民として日本に来たトラン・カ・ホアンさんは、定住許可を得て日本で暮らし始めたものの、日本社会になかなか馴染めず、ついに病気になって自ら命を絶ってしまった。ホアンさんの死をホアンさんの力量不足、政治に翻弄された個人の不運、残念だけれど仕方のないことと考えることもできるかもしれない。しかし、果たしてそれでよいのだろうか。いったんはホアンさんと共に生きていこうと受入れたにもかかわらず、その命を支えきれなかった日本社会に責任はないのだろうか。本章では、私たちが共に生きることができなかったホアンさんの経験をたどりつつ、共に生きるとはどういうことなのかを考えてみたい。

2　トラン・カ・ホアンさんのストーリー

（1）ホアンさんの来日

　トラン・カ・ホアンさんは1989年、19歳の時、生まれ育ったベトナムを後にし

た。今のベトナムからは想像できないかもしれないが、1975年にベトナム戦争か終わり、社会主義国となったベトナムでは、新しい体制に馴染めなかったり、政治的迫害を恐れた人々が国外に脱出するようになり、それが1979年をピークに1990年代前半まで続いたのである。同じような状況下にあったラオスとカンボジアからの難民を含めると、その総数およそ144万人と言われている（これらの人々を「インドシナ難民」と呼ぶ）。日本はそのうちの1万1319人を定住者として受入れた。そのうちのひとりが1章で紹介した山本さんであり、また、ホアンさんなのだ。

　ホアンさんがどのような経路で日本にたどり着いたのかはわからない。しかし、小さな木造船に乗って海に出た他の難民たちと同様、いつ嵐がやってきて船が沈むかわからない、いつ海賊に襲われるかわからないという死と隣合わせの恐怖を味わいながら、日本にたどり着いたのは間違いない。日本に上陸して1杯の水を飲んだとき、ホアンさんはこれで生きていけるとほっとしたのではないだろうか。

元難民の高橋ホァイさんが、漂流時を思い出して描いた絵

（2）群馬で暮らすようになったホアンさん

　上陸後、日本政府から定住許可を得たホアンさんは群馬県にやってきた。前橋市に難民の受け入れと支援に取り組んでいる「あかつきの村」があったからである。

　「あかつきの村」はカトリック神父の石川能也さんが、力のある者もない者も、互いに助け合って共に生きようと呼びかけて、小高い丘の上の雑木林を開墾して始まった生活共同体である。1979年の開設時には国外からの難民と共に暮らすなど予想もしていなかったが、難民たちの窮状を見て、困っている人を拒まないという精神の下、受け入れを決めたのだった。1982年には村内に難民定住促進センターが建てられ、難民たちはそこで暮らしながら日本語を学び、買い物や近所づきあいの仕方など日本の生活習慣を学んで定住生活への準備をした。そして、最

終的には仕事を見つけて自立していったのである。1999年にセンターを閉じるまでの17年間に、多い時には70人を越える難民たちが共に生活し、延べ350人を超える難民が日本社会へと巣立っていったという。

　ホアンさんがやってきた1989年頃のあかつきの村はとても賑やかだった。前年には「一在楽舎」と名付けられた木造の居住棟が、自立して近隣で暮らす難民達の助けを借りて手作りで完成し、89年には新しい定住促進センターの建物ができて入所者が増え、資金調達のために始まったリサイクルバザーには全国から多くの寄付品が届いた。群馬大学の学生や近隣の人々もボランティアとして熱心に支援した。不安でいっぱいだったホアンさんも、すでに日本社会で働いて生活している先輩達の姿を見て、明るい未来を想像したに違いない。当時は景気がよく、仕事探しは難しくなかった。ホアンさんも数ヵ月後には自動車部品工場で雇ってもらえることになり、アパートを借りて自立生活することになったのである。

（3）病気になったホアンさん

　しかし、現実の社会は厳しかった。農村育ちのホアンさんには工場での機械操作は難しく感じられたし、日本語の指示もよく理解できなかった。何度聞き直しても意味がわからず、怒鳴られてしまうこともしばしばあった。肩を落としてアパートに帰っても、話を聞いてくれる家族もなく、なつかしい故郷の味もない。テレビをつけても意味不明の音が流れてくるだけ。ごみの出し方や食材の使い方など、生活の仕方にも戸惑った。それでもここで生きていくしかない。頑張ろう。ホアンさんは自分に言い聞かせたが、寂しさと情けなさ、悔しさと怒りが澱のように心の底にたまっていくのをどうすることもできなかった。こうして解雇と再就職を繰り返して3年がたち、ホアンさんはとうとう精神疾患を発症して働けなくなってしまった。

　そんなホアンさんを再び受入れてくれたのはあかつきの村だった。村は変わらず賑やかにホアンさんを迎えてくれた。けれども、少しずつ変化も生まれていた。それはいったん日本社会に出たものの、うまくいかなくなって村に戻ってくる、あるいは元の施設には戻れなくて、あかつきの村にやってくる難民たちが少しずつ増えてきたことである。例えば、互いに励まし合って生きてきた二人のお兄さんを事故と自殺で失ったAさんは、すっかり生きる気力を失って村に戻ってきた。

一度は就職したものの職場に馴染めず、やはり精神疾患を発症したBさんは、あかつきの村にやってきて部屋に閉じこもりきりになった。離婚して幼い子どもを連れて村に戻ってきたCさんは、不安定な精神状態を抱えて病院と村を行き来していた。あかつきの村は行き場を失った難民たちの最後の拠りどころとなりつつあったのである。

（4）ベトナムへの里帰り

あかつきの村に戻ってしばらくすると、ホアンさんの症状は落ち着いてきた。自分が工場を解雇されたのは言葉のせいだと考えていたホアンさんは日本語の勉強を再開し、石川さんに付き添われて再就職のための面接に行くようにもなった。しかし、どれもうまくいかなかった。工場側は即戦力となる人材を探していたし、ホアンさんはすっかり自信を失っていたからである。

ホアンさんは次第に望郷の念を募らせるようになり、石川さんに訴えるようになった。ベトナムに帰りたい。無許可で国を脱出したのだから、帰国したら逃亡罪で刑務所に入れられるかもしれない。それでもかまわないと。

石川さんはホアンさんをベトナムに里帰りさせることにした。難民のうち、自立できる人たちは自立してしまい、残った人々は日本社会で生きていくことが難しい人々だ。これらの人々がもう一度ベトナムに居場所を見つけることができたら…と石川さんは考えたのである。こうしてホアンさんは家族訪問ビザを持って、9年ぶりに故郷に帰ったのだった。1998年のことである。

しかし、故郷は大きく変わっていた。ホアンさんの行く末を心配してホアンさんを難民船に乗せたお母さんは、すでに亡くなっていた。村長だったお父さんは戦争中に敵方に殺されていたから、今、故郷の家を守っているのはお兄さんだった。そのお兄さんはホアンさんが帰郷した時、マラリアによる高熱でベッドから起き上がることもできなかった。お兄さんは高熱にうなされながら言った。残された小さなサトウキビ畑の収入では、自分たち家族7人が食べていくのがやっとだ、お前を養っていくことはできない…。ベトナムはまだまだ貧しかった。

ホアンさんは土地を分けてもらって、ここで暮らしたいと呟いたが、それが無理な願いであることは誰の目にも明らかだった。ホアンさん自身もわかっていただろう。

（5）絶たれた望み、そして死

　こうしてホアンさんは再びあかつきの村に戻ってきた。故郷で暮らすという最後の望みが絶たれてしまい、絶望したのだろう。ホアンさんの精神状態は一気に悪くなってしまい、一日中部屋に閉じこもって、何事かを板切れに書きなぐる日々が続いた。そして、日本に戻って2年後のある日、ホアンさんは自室で焼身自殺をしてしまったのである。

　ホアンさんが残したものは、自室の周囲の壁に打ち付けられた大量の板切れだった。そこには、ベトナム語でさまざまな単語が書きなぐってあった。ほとんどが文章としては意味が通らない単語の羅列だが、その中で意味がわかるものは次のような言葉だという。

　「僕は苦しいよ。迷惑をかけてごめんなさい。」

　「お父さん、お母さん、僕はどうしてこんなに苦しまなければならないのですか。」

　「僕は役に立たないものになってしまった。」

　また、ベトナム語に混じって、数個だが日本語も書き付けられている。その言葉は「犬」「日本の犬」だ。

ホアンさんが書き残した文字

　犬…。人間ではない動物。自分は日本で人間以下の存在になってしまった。ホアンさんはそう感じていたのだろうか。

3　共に生きるって、どういうこと？

（1）櫻井さんの驚きと戸惑い

　ホアンさんの死から7年。精神保健福祉士の資格をもつ櫻井洋樹さんがあかつきの村にやってきた。2007年のことである。その前年に施行された障害者自立支援法をきっかけに、あかつきの村では支援の内容をより充実させようと、専門家である櫻井さんに応援を頼んだのである。最初は有志の自由な集まりとして始

まったあかつきの村だったが、ホアンさんのような行き場のない難民を受入れるために、精神障害者のグループホームや作業所を運営するようになっていた。

あかつきの村に来た櫻井さんは驚いた。どこか遠い国の話だと思っていた難民が、日本にもこんなに大勢いたなんて。しかも、群馬県でも暮らしていたなんて。そしてもっと驚いたのは、入院治療をしなければならないような重い精神症状を呈する人々が、ボランティアの人たちに見守られながら村で暮らしているということだった。それは、精神保健を学んできた者には考えられないことだったという。

しかし、事情を聞いてみると、そうするしかないという状況もわかってきた。多くの難民にとって、精神障害は祈祷やお祓いの対象であって、病院で治療するものではなかった（かつての日本がそうであったように、かつてのベトナムでもそうだったのだ）。また、日本では当たり前のコンクリート製の病棟は、難民たちが恐れていた社会主義政権の思想教育施設を連想させたから、そこに閉じ込められることは大変な恐怖だった。つまり、入院によってかえって病状が悪化してしまう難民が続出したのである。ここには言葉以前の問題、つまり文化の違いや経験の差が横たわっていた。こうした事情は十分に理解されず、あるいは理解されたとしても対処の方法もなく、難民たちは村に帰されてきたのであった。

あかつきの村に関わる人々はこうした難民たちを何とか支えようと奮闘していた。毎日の食事、洗濯、掃除などの身の回りのこと。失禁や徘徊、暴力や閉じこもり、自傷行為や幼児返り等、さまざまな精神症状への個別の対応…。言葉や文化の違い、難民としての過去の経験が対応をより複雑なものにした。そんな様子を見ながら、櫻井さんは自問した。専門家としていったい何ができるのだろう。外国人の、ましてや難民の精神保健について勉強したわけではない。そもそもそんなことを教えてくれる学校など、今の日本にあるとは思えない。戸惑いの中で櫻井さんはとにかく１年、やってみようと考えた。１年だけ手伝って、と言われていたからである。活動の中心を担ってきた石川さんの体調が思わしくなく、誰かが手伝わねばならいことも明らかだった。

（2）櫻井さんの葛藤と気付き

結局、櫻井さんは１年たっても辞めることができなかった。後任が見つからな

い上に、石川さんの病状も悪化していたからだ。仕方がない。次の人に託せるようになるまでもう少し頑張ろうと櫻井さんは思ったが、4年が過ぎた頃、限界がきた。必要とされているのは「ただ、一緒に生活すること、ただ、そばにいること」であって、精神保健福祉士としての働きではないと思うようになったからだ。つまり、仕事として限定的に難民たちに関わるのではなく、一人の人間として丸ごと難民たちと付き合うことが求められていると櫻井さんは感じるようになったのである。

それはできないと思った櫻井さんは、ついに辞表を提出した。するとある役員が言ったのだ。「あなたが辞めるのなら、あかつきの村は解散する」と。ええ、どういうこと？櫻井さんは意味がわからなかった。解散するって、そんなことしたら、ここにいる人たちはどうなるんだ？櫻井さんの心の中に怒りが湧いてきた。なんてひどいことを言うんだろう。「今、考えると、それは彼の作戦だったと思うんですけれどね」と櫻井さんは笑う。

よし、それなら続けてやる。もう中途半端にはできないと思った櫻井さんは、村に通うのをやめて、村に住み込むことにした。そうしたら、難民たちとの関係が変わりはじめたのだという。櫻井さんはあるインタビューで次のように語っている。

「村に住み込む前は、難民の人たちから毎日のように『ひろきさん、何歳で結婚するんだ？』、『家族は元気か？』と聞かれていたんですね。そのときは『そんなこと知らねぇよ。昨日と変わんねぇよ。なんで毎日こんなこと聞くんだろう…』と思っていました。でも、村に住み込むようになってからそういう質問をされなくなったんです。

ある日、退職する職員を見送るときのみんなの様子を見ていてその質問の意味に気付いたんです。

『何歳で結婚するんだ？』と聞くのは、『お前もいつかこの村からいなくなるんだろう？』って意味だったんですね。結婚したり、両親が病気になったりしたら、ここで働いている人たちは離れていってしまう。ここにいる難民の人たちは常に見送ってきた側なんだなと。」(難民支援協会ウェブマガジン『ニッポン複雑紀行』2018. 3 .29版)

　家族もなく、帰る家もない。難民たちの圧倒的な孤独に触れて、櫻井さんは「ただ、一緒に生活する、ただそばにいる」ことが難民たちにとってどれほど大きな意味をもっているのか、少しだけわかったように思ったという。

（3）共に生きるって、どういうこと？

　櫻井さんが村に住み込むことを決めた次の年、石川さんが亡くなり、遺骨はあかつきの村の裏手にある共同墓地に納められた。そこにはホアンさんをはじめ、さまざまな事情で亡くなった難民たちも眠っている。そして今、あかつきの村では、精神障害を負うベトナム難民と日本人が、櫻井さんともう一人のスタッフと共に暮らしているのだ。

　2016年からあかつきの村の所長になった櫻井さんは言う。難民たちは働けなくても、生活保護などの制度を利用して経済的には生きていくことはできる。しかし、それだけでは満たされない何かがある。それを埋めていけるのは人との関わりなのではないか。そして、あかつきの村の役割は、「共にいる」「共にある」ことによって、その関わりをつくっていくことなのだと。

　そんなあかつきの村には、大勢の来訪者がやってくる。まず近所の人たちがやってくる。あかつきの村の入り口に門はない。だからだれでも自由に出入りすることができる。しかも、入り口に近い建物は全国から寄せられた寄付品を販売するリサイクル・ショップで、おしゃべりするスペースもある。だから近所の人やボランティアの人々の憩いの場にも

あかつき村入り口付近

なっている。また、難民支援や障害者支援に取り組む人々が見学にくることもあるし、芸術家たちがあかつきの村に惹かれてやってくることもある。さらに、学生たちもやってくる。それらの人々を案内して村の中を回る時、櫻井さんはホアンさんの部屋の前で必ず立ち止まる。そして、ホアンさんが残したおびただしい数の文字の前で、ホアンさんの心の奥底から発せられる叫びを感じながら問いかける。

「共に生きるって、どういうことだろう？」

これは櫻井さんがずっと考え続けてきた問いであり、来訪者に考えてほしい問いであり、また、来訪者の答えを聞きたい問いでもある。そして、たいていの人はそこでじっと考え込むのだ。

4　友だちになるっていうことかなあ・・・？

共愛学園前橋国際大学の学生たちも、この問いの前に考え込んでしまった人たちである。「共に生きるってどういうことか、難民支援の現場を通して考えよう」と誘われて訪問したあかつきの村で、学生たちはそれまで考えもしなかったことに気づかされる。それは難民も病気にもなるし、怪我もするし、障害も負うという当たり前の事実だ。

櫻井さんによると、日本に来たインドシナ難民が特に精神疾患の発症率が高いわけではない。例えば、精神疾患の一つである統合失調症の発祥割合はWHO（世界保健機関）によれば100人に1人だが、インドシナ難民の場合もそれとほぼ同じなのだという。ただ、来日後のつらい経験が引き金となって発症した人は多いようだと櫻井さんは指摘する。

学生は思う。人間なら誰でも－日本人でも外国人でも－病気をするし怪我もする。年をとるし障害も負う。だから、難民を受入れるなら、当然そうした事態にも対処できるようにする必要があるだろうと。そして考える。どうして今まで、病気や障害で苦しんでいる難民がいるということを想像できなかったのだろう。そして気付くのだ。それは、成功した人の例しか耳にしてこなかったからではないかと。

「こんなに頑張って、偉くなりましたとか、こんなに活躍していますというのは素晴らしいけれど、そんな人ばかりではないんだよね。もしかしたら、共に生きるっていうのは、ホアンさんのように弱ってしまった人と出会った時に、真価を問われるのかもしれない」とある学生は言った。

「『おまえは役に立たないから、共に生きられない』というのは、条件付の共生であって、本当の共生とはいえないかも」と別の学生は言う。「役に立たないやつはダメだという考え方が、ホアンさんを追い込んでしまったのかもしれない、

ホアンさんは苦しかっただろうね」。

　この時の学生たちの結論は、「共に生きるって、友だちになるってことかなあ」というものだ。友だちになったら、その人のことが知りたくなる。その人が大事にしていることは何なのか、されて嫌なことは何なのか、気にかかる。その人が喜ぶことをしてあげようと思うし、その人が嫌なことはしないようにしようと心がける。そして、なによりも役に立つとか役に立たないかとかで関係を続けたり切ったりしない。「友だちになるっていうことが、共に生きることの始まりなのかも」。

　その後、別の学生たちが2018年11月にNHKのETV特集で放送された「佐藤さんとサンくん〜難民と歩む　あかつきの村」という番組を見た。そこには、あかつきの村のもう一人の職員・佐藤明子さんと、心に深い傷を負ったベトナム難民サンさんのこぼれるような笑顔があった。サンさんもホアンさんと同じように、過酷な経験を経て精神に障害を負い、いったんベトナムに帰ったもののそこでも居場所が見つからず、あかつきの村に帰ってきた人である。人間を信じることができなくなってしまったサンさんと、サンさんに寄り添って生きようとする佐藤さん…。映像に映し出された2人の姿を見て学生たちは思った。「ここに本当の友だちがいる」と。

　佐藤さんは番組の中で、「サンくんのこと？わからないよ。わからないから一緒に歩くんだよ。知ったつもりにならないほうがいいよ。関係が狭まってしまうからね」と語っていたが、私たちは日本で暮らす外国人のことをどれほど知っているだろうか。知ったつもりにならないほうがいいけれど、知ろうとすること、関心を持つことは必要だ。だから次の章からは、世界にはどんな文化があるのか、いろんな文化的背景をもつ人たちが共に生きるとは、どういうことなのか、具体的に考えて行こう。

☆　この章のまとめ

（1）ベトナム難民として来日したトラン・カ・ホアンさんは、日本社会に馴染めず、故郷にも帰ることができず、病気になって自ら命を絶ってしまった。日本で暮らす外国人がみな健康で、元気に働けるわけではない。それは日本人も外国人も同じだ。

（2）群馬県前橋市にある社会福祉法人あかつきの村には、障害のために自立して生きることができないベトナム難民と日本人が一緒に暮らしている。所長の櫻井さんは、お金だけで人間は生きられない、人と人との関係が必要だと考えている。そして、その根本は「共にいること」「共にあること」ではないかと問いかけている。

（3）あかつきの村を見学した大学生たちは、「共に生きる」とは「友だちになる」ことから始まると考えた。みなさんはどう考えるだろう。

★　みんなで話し合ってみよう

（1）クラス替えや進学、引越しなどで新しい環境に馴染めなかった経験はあるだろうか。経験がある人は、その時どんな気持ちだったか、また、どんなことが助けになったか、話してみよう。

（2）病気や怪我をした時の気持ちはどうだったか。どんなことが助けになったか、話し合ってみよう。もし、言葉や文化が違う外国で病気や怪我をしたら、どんな気持ちだろう。どんなことが助けになるだろう。話し合ってみよう。

（3）日本にも世界にも、ホアンさんのように故郷に住めなくなった人たちがいる。政治的経済的理由もあれば、人災や天災によるものもあるだろう。どんな人たちがいるか、考えてみよう。

コラム5　難民と共に歩む「あかつきの村」点描

1990年ごろのあかつきの村遠望。1978年から、石川神父の呼びかけに共鳴した人々が雑木林の開墾を始め、自分たちで建物を建てていった。

現在のあかつきの村からの眺望。手前の畑では村の住民たちが野菜を育てている。野菜は学校給食用などに販売している。ベトナムの野菜も作っている。

←あかつきの村のアイドルヤギの夏子さん

週2回開かれている村の入り口そばのリサイクル・ショップ。あかつきの村の財源は今も昔も、廃品回収とリサイクル事業だ。

2017年に完成した就労継続支援B型事業所の建物。ベトナム人利用者が少しでも自分たちの言葉や文化に触れられるよう、ベトナム人スタッフもいる。

1981年に建てられた手作りの聖堂。

ベトナムの民族衣装アオザイを着て、来訪者を迎える聖母マリア像。ベトナム難民にはカトリック信者が多かったが、信者であろうとなかろうと、やさしいまなざしで迎えてくれるマリア像は、難民たちの慰めとなった。

難民定住促進センターの一つ。難民たちはここで暮らし、社会に巣立って行った。

子どもだけで脱出した子どもの難民や、親を亡くした難民の子どもたちのために、みんなで協力して建てた「一在楽舎」（「共にあることはなんと楽しいことだろう」という意味の聖書の言葉から名付けられた）。現在はグループホームとして利用されている。

難民たちの歴史を残したいと造られた難民資料室。

裏手の共同墓地。難民たちや石川神父が共に葬られている。

第4章　多文化共生社会の主役はだれ？

1　社会って？

　前の各章で、群馬県に暮らす外国人や、「異なること」、「共に生きる」ことなどを学んだね。ではそれらのことは、私たちの暮らしている社会で私たちの生活や生き方にどう関わっているのだろう。

　この章では、人がつながっている社会とは何なのか、その社会に生活習慣や文化の違う外国人がいるというのはどういうことなのか、どうして日本にそういう人たちがいるようになったのか、そして将来の日本にどう関わってくることなのか、について考えてみよう。

（1）社会って何だろう

　社会ってそもそも何だろう。人は一人だけでは生きていけないといわれる。でも、乗っていた船が難破して、孤島に一人だけ流れついたケースはどうだろう。その人は仕方なくそこで生きる。食べ物を見つけ育て、もしかして動物もいて、それらを見て楽しむこともあるかもしれない。そこで10年、20年、もしかして50年くらい生きて、そして最後は一人で死ぬ。こういうことはありえるよね。これはこれで一人の人間の人生。ただ言えるのは、そのあとが誰にも継がれることがない、ということ。もしその人がその孤島で何か他の人に役立つ珍しい植物を発見しても、それを使ってくれる人がいない。話す相手の人がいないので、意見の違いが無いし、争いもない。なにか素晴らしい考えを思いついてもそれを役立ててくれる人がいない。その人に関わる事は、その人が死んだ時に全て終わる。

　一方で、私たちが生きている所は、多くの人が一緒に住んでいる。何か役に立つものを発見したらそれを他の人たちに使ってもらえる。一緒に生活している他の人と何かを一緒に行うためにお互いの考えを述べ合い、お互いに良いと思えることをつくり合える。そういう人生を過ごして最後は死ぬ。でも、その人は、こ

れから生きていく他の人たちにいろいろと残すことができる。他の人たちは、そこからさらに新しい発見、そしてさらに役立つ考えを作ることができる。

　そう、その人は一人で生きたのではなく、他の人といろいろな関わり合いをしながら、お互いに自分の持っていない考えを出し合うなど、他の人との関わりがその人の人生にいろいろな可能性を広げてくれたんだ。

　人と人が関わり合いながら、一人一人が自分の人生を作る。それを「社会」という。

（2）法律、生活習慣

　社会では、お互いが生きて行くために守らなければならない最低限のルールを持つ。人を殺してはいけない、盗んではいけない、だましてはいけない、など。これを「法律」という。

　法律までにはなっていないけれど、お互いが生活する上で迷惑をかけないように生活しようというエチケットもある。これを「生活習慣」という。

　法律の中でも、殺してはいけない、盗んではいけない、だましてはいけない、などのことは世界のどこの国でもだいたい同じだ。法律の中で、交通ルールは国によって違う事も多い。

　生活習慣については、世界の国々で結構違うことが多い。食事のエチケットは違うことが多い。例えば、日本では食事でご飯を食べる時ご飯の盛られたおわんを手に持ってお箸で食べるよね。でも韓国ではテーブルの上に置いたままで食べるのがエチケット。親と一緒に日本に移り住むようになった韓国の小学生が、給食の時机の上に置いたまま食べたら先生からきちんとおわんを手に持って食べなさいと注意されてびっくりしていた。反対に、日本から韓国に移り住んだ小学生は逆の注意を受けるだろうね。

　食べる時に昔の日本人は音を立てて食べるのが当たり前だった。そばやうどんを食べる時がそうであるし、現代の日本人は今でも音を立てて食べるよね。欧米ではそれは他の人を不快にするので音を立てないで食べるのがエチケットだ。今では日本に欧米のエチケットが広がって、そばやうどん以外では音を立てないの

が日本でもエチケットになっている。

（３）国によって携帯電話の使い方が違う

　　　　日本では電車やバスに乗ると、「携帯電話は電源を切るかマナーモードにして、話はしないでください」という放送が流れるよね。携帯電話が日本で使われ始めた頃はまわりに人がいても携帯電話で話をしていた。それがまわりの人にとっては聞きたくない話も耳に入ってきてうるさい、という人がほとんどだったので、携帯電話は電車やバスの中では会話には使わないのがエチケットになった。外国では電車の中でも構わずに結構大きな声で携帯電話で話をしている。私の経験でも、香港で地下鉄に乗った時がそうだったし、帰国して成田国際空港からの電車の中で外国人が大きな声で携帯電話で話し続けていて、近くの日本人から注意されていた。その外国人にとっては自分の国では当たり前のことを日本でも当たり前だと思ってしていただけ、ということだろう。

（４）ものごとの考え方も国によって違いがある

　ものごとの考え方も国によって違いがある。日本語では、文章を最後まで聞かないとYESなのかNOなのかわからないことが多い。例えば、「明日の工作の授業の材料を学校の帰りに一緒に買いにいける？」と聞かれて、「買いにいけ（る）」「買いにいけ（ない）」という二通りの返事は、どちらも文章の最後の（　　）を聞くまでわからない。返事をしながら相手の表情を見て返事を途中で変えることもできる。一方で英語の会話では、返事は"Yes, I can go with you" "No, I cannot go with you"というように、二通りの返事はいずれも最初にYesかNoかまず出て来るし、それが無くてもすぐ "can" か "cannot" が出てくるので、とにかく態度を早く主張するようになっている。この違いは、日本人の考え方は他の人と調和することが大事だという考え方が基本にあり、欧米人は自分の考えを主張することが大事だという基本があるからだろう。日本は海に囲まれている国なので他の国から侵略されたり他の国の人が多く住むようになったという歴史がほとんど無いのに対して、陸続きの欧米の国々はいろいろな国の人が住むようになったり他の国

が侵略してきたりという歴史を持っていることからくるのだろう。同じような肌の色や同じような言葉や生活習慣の人が大多数である日本では、できるだけ多くの人がまわりに合わせて同じような考えを持つことが重要だと思われた。一方、欧米では違う言葉や生活習慣の人が混じり合って生活していることが多かったので、自分の考えをはっきり主張しないと自分を理解してもらえなかったからだろう。

2　多文化って？

（1）文化って何だろう

　まず「文化」って何？地球上で、人間が住んで生活している所は、寒い所、暑い所、季節があり、雨季、乾季、時には台風、地震、大雨、火山の噴火などの自然災害があり、宗教、食べるもの、着るものなど、住んでいる所によって実にさまざまだよね。

　ある地域に住んでいる人は同じような環境なので、その地域に独特の建物や食事、美術品などが形作られ、考え方や生活習慣が他の地域とは違うものが作られていく。そういうもの全体を「文化」という。

　日本の文化というと、目立つ代表的なものは、浮世絵、和服、すし、神社やお

寺、カラオケ、最近ではアニメなどがあるね。日本は山、森、海が豊かで四季もある。でも一方で、台風、地震、噴火など人間の力ではどうしようもない自然もある。こういう自然の中で何千年も生活してきた日本人には、山、森、海はそれぞれが敬う対象であり、道端の草や石にも自然への敬いの気持ちを持つようになった。そういう自然への敬いが、生活習慣や考え方、そして美術品や建築などにも反映して、日本文化を形作っている。

　日本の中でも、関西と関東では文化に違いがあるし、北海道と沖縄でも違う文化がある。日

本人といってもさまざまだね。

（2）多文化って何だろう

　では、韓国や中国はどんな文化かな？知っていることもあるよね。アメリカについても。これら他国の文化は、日本文化や人々の生活にさまざまな影響を与えたし、テレビやネットなどでも日々多くの情報が流れているので、知っていると思う事も多いよね。イギリスについてもある程度知っているね。ロシア、メキシコ、ブラジル、アフリカ、アラブ諸国…知っていることが少ないね。イスラム文化…ほとんど知らない。ニュースで流れるテロのことが目立つので何か怖い感じと思っているかな。

　日本文化のことは結構知っているけれど、他の国の文化については少しは知っていることもあるけれど、あまり知らないよね。立場を逆にすると、外国の人は日本文化のことはあまり知らない。美術品や料理などでは外国のものは日本のものと違うところがおもしろいね。外国の人からすると日本の美術品や料理は違っていて興味深い。

　このようにいろいろな国の文化がさまざまにある。多くの文化という意味で「多文化」という。

　いろいろな国の文化が興味深いと思えるのは、旅行などふだんの生活とは違う時に特にそう思えるよね。旅行の時だけ触れられるとか、テレビで見ている時だけとか、短い時間で、私たちのふだんの生活とは別の時間だけだからなおさら興味深いと思えるのだろうね。

　外国の文化やその中の生活習慣が、自分の家の中の生活に入ってきて強制的にそれと同じにしなさいと言われたら嫌だよね。

3　多文化共生の主役とは？

　多文化共生って何だろう。「多文化」というだけであるならば、いろいろな国の文化があるということだけれど、「多文化共生」というと何が違ってくるのだろう。

　一つの国の中に、もともと住んで生活している人以外にいろいろな国の人が移り住んで、お互いの文化と相手を尊重し合って生活していることを「多文化共生」という、と考えてみよう。

（1）日本人が外国に移り住んだ場合

　今日本人が他の国に移り住む場合、その国でどういう生活をしたいだろう。その国の言葉を使えるようになってその国での仕事や社会生活に馴染むこと、子どもがその国できちんと教育を受けられること、これらは自分と家族にとって大事なことだよね。では、日本でしていた生活習慣をどこまでその国の生活でしたら良いのだろうか。守らなければならない法律は、日本と違っていてもその国の法律を守ること、これはその国で生活するのに最低限必要なことだよね。

　この章の最初に書いた携帯電話はどうだろう。その国では電車やバスの中で、大きな声で携帯電話で話している。これはその国のやり方に合わせるしかないね。日本では魚を焼くにおいはおいしい香りだけれども、魚を焼いて食べる習慣のない国ではそのにおいは不快。これは魚を焼くにおいが外に出ないように工夫する必要がある。でも、もし不快だということを知らないと、気が付かないうちにまわりの家の人に嫌な気分とストレスを与えていることになる。まわりの家の誰かが、その国では不快であることを注意して教えてくれると、そこで知ることが出来、気が付くことが出来る。

（2）日本に移り住んでいる外国人の場合

　日本に移り住んでいる外国人についても、生活習慣に関して、自分の国では当たり前でも日本では当たり前ではないことを知らなかったり、気が付かないことがある。「多文化共生」は、そういう不快な場面があったら積極的に外国人に注意し、教えてあげることでもある。相手が日本語ができない時は、ゆっくり簡単な日本語で伝えよう。それもわからないようであれば、その簡単な日本語を相手の国の言語にネット翻訳して紙に書いて伝えよう。

　このような不快やトラブルになることを注意して教えるという「多文化共生」の関わり以外に、考え方などで日本人とは違う考え方があることを知ることはプラスになることだ。今までの自分の考え方についてさらに深く考えるきっかけになる。

（3）違いには理由がある。相手を尊重するということ

　不快やトラブル、そしてプラスの関わりについても、いずれについても大事なことは、相手の違いはどういう理由でそういうことをするのだろうか、ということを知ることだ。相手に教えてもらってもいいし、誰かに聞いてもいい、またはネットで調べてみるのもいい。違いには必ず理由がある。それを知る事が相手を尊重するということだ。

　「多文化共生社会の主役はだれ？」…　もうわかったかな。そう、それは一人一人の人なんだ。自分だし、相手の外国人だし、日本人や外国人の一人一人だ。

　学校の先生や市役所の職員、警察官などとのつながりも大事だ。これらの人たちは社会の仕組みの中で「多文化共生」が育つことを後押ししてくれる存在だ。

（4）移民について

　ところで、なぜ自分の国を離れて日本という他の国に多くの人が移り住むのだろう。実は、120年ほど前、逆に日本から多くの人が、アメリカやブラジル、ペルーなどに移り住んだ。それは1960年頃まで続いた。永住するために他の国に移り住むことを「移民」という。当時の日本は、人口が増えていく中で特に農家の次男、三男など、農家を継ぐことのできない人たちが、日本ではなかなか仕事を見つけられないので、他の国を目指して移り住んだ。相手の国はそういう人たちを受け入れる理由があった。ブラジルでは未開拓の土地が多くあったのでそこの開拓のために受け入れた。未開拓なので大木や草が生い茂り、土地は岩や石だらけなので、移り住んだ日本人は大変な苦労をして開拓し、自分たちの生活を築いていった。教育熱心だったので、最初の移民（一

日本からの移民とその子孫（日系人）

２６０万人

35万人
日本在住の日系人

ブラジル　１４０万人
米国　　　１００万人
ペルー　　　８万人？

注）著者作成

世）、そしてその子（二世）、さらにその子（三世）、四世と受け継がれ、ブラジル社会で政治、銀行、会社、教育などさまざまな分野で多くの人が活躍している。ブラジル人と結婚する人も多く、ブラジル社会で共生している。日本人を祖先に持つ人たちを「日系人（にっけいじん）」という。

　1980年代、日本は景気が良い年が続いて、いろいろな会社や工場、農業などで働く人が不足した。1990年に日本政府は法律を変えて、日系人の三世までの人は日本に来て自由に仕事ができることにした。ブラジルなどから30万人位の人たちが仕事を求めて日本に来た。最初は2、3年働いてお金を貯めてブラジルに帰るという考えの人が多かったが、次第に日本に永住する人が増えている。

（5）日本の将来との関わり

　では、日本に外国人が増えるということは、将来の日本とどう関わるのだろう。

　日本は、人口が2008年の1億2800万人をピークに毎年減少し続けている。2065年には8800万人になると言われている。「少子化」という。

　特に、仕事をする年代の人たちが毎年減っているので、会社や工場、農業や漁業、建築業などでは、仕事に必要な人が不足して困っている。日本人でも女性や高齢者などで仕事をしたくてもその機会を持つのが難しい環境にある人がいる。このような人たちにとって仕事に就きやすい制度やしくみを作れば、日本人として仕事をする人を増やすことができる。しかし、それでも仕事に必要な人数は不足な状況だ。日本人にとっても外国人にとっても働きやすい環境を作りながら、仕事に不足する人数を外国人に補ってもらうと助かる。

　ただ、仕事をする人が足りない人数を外国人で補うという考えだけでは、外国人にとっては機械のように仕事をするだけの人生になってしまう。とても大事なことは、日本に移り住んだ外国人一人一人が自分の人生を選んで自分の人生を作れること。それは日本人にとっても同じように大事なことだ。

（6）章の終わりに…「一人一人が主役」と「多文化共生」が創造力を生む

　日本の少子化は、若い人たちの数が減るとともに高齢者の比率が高まることでもある。働く人の数の不足を外国人に補ってもらうことも大事だし、さらに将来の日本にとって大事なのは、日本に外国人との多文化共生があることで様々なアイデアや新たな発想が生まれやすくなることだよね。

44

　そのためには、高い能力を持った外国人が日本に来て住んでもらいやすくすることや、すでに日本に住んでいる外国人が日本人といっしょに能力を伸ばせる教育がとても大事だね。

☆　この章のまとめ
（1）人と人が関わり合いながら、一人一人が自分の人生を作る。それを社会という。
（2）一つの国の中に、もともと住んで生活している人以外にいろいろな国の人が移り住んで、お互いの文化と相手を尊重し合って生活していることを、多文化共生という。
（3）とても大事なことは、日本に移り住んだ外国人一人一人が自分の人生を選んで自分の人生を作れること。それは日本人にとっても同じように大事なことだ。
（4）違いには必ず理由がある。それを知る事が相手を尊重するということだ。

★　みんなで話し合ってみよう
（1）外国人と日本人がそれぞれの多様性を生かして新しいアイデアを作るには、どういうやり方で議論をすると良いだろうか。
（2）アイデアを外国人と日本人が一緒に実際の形にするには、どういう難しさがあるだろうか。それを解決するにはどうすると良いだろうか。

コラム6　「〇〇ファースト」「〇〇第一主義」って？

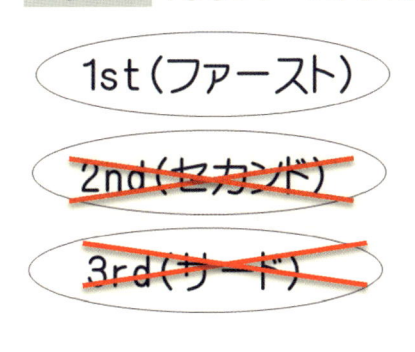

今（2019年）世界では大きな変化が起きている。アメリカのトランプ大統領が「アメリカ　ファースト（アメリカ第一主義）」を掲げて、アメリカという国の利益を最優先にする政策を続けている。その影響もあって、ロシア、中国、フィリピンなども似たような政策を強めている。

一方で、現代の世界は、多くの国があって、それぞれが他の国々と物やサービスを売り買いして自分の国の経済を豊かにしようとする仕組みで成り立っている。言い換えるとお互いが依存し合っている。どの国も自国を第一に大事に考えているけれど、依存し合っているので、相手の国を尊重し合い、主張する点は主張し譲る点は譲って話し合いで折り合える内容を決めている。「〇〇ファースト（〇〇第一主義）」はあっても良いけれども、セカンド（第二）やサード（第三）という他者を尊重しない「〇〇ファースト」は、48頁に書いている、皆自分と同じ生徒ばかりいるクラスと同じ状況を作り出す。セカンドやサードなど他者を尊重する「〇〇ファースト」であれば、お互いに話し合って共通の利益になる新しいことをつくり合える。

セカンドやサードを尊重しない「〇〇ファースト」の主張にありがちなのは、

二つの意見を示してどちらか一つだけを良いとし、もう一方を否定する議論のやり方。議論は、お互いの違いを知り、そこから新しいことを一緒に協力して作ることなので、否定された方は協力できなくなる。自分と違う生徒がいるクラスは、お互いを尊重し協力し合うことで、お互いが納得する新しいことを作ることができる。

コラム7　多文化共生社会のかたち

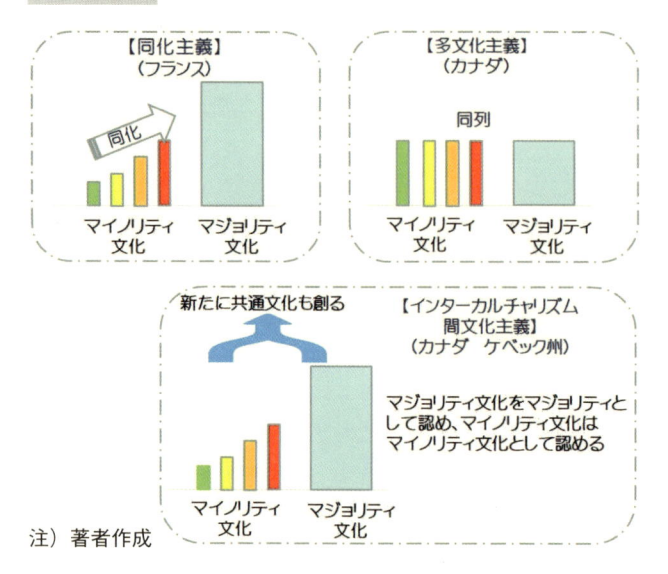

注）著者作成

世界では色々な国で多文化共生社会を作ろうと模索をしている。代表的な形をここで説明しよう。一つはフランスが目指している「同化主義」だ。これは他の国から来て永住する人はフランス人と同じ文化の人になってほしいという考え方だ。もう一つはカナダが目指している「多文化主義」だ。これはカナダの文化も他の国から来た人の文化も同じように大事だという考え方だ。三番目にはカナダのケベック州が目指している「インターカルチャリズム」がある。これは他の国から来た人の文化も尊重するが、カナダの文化を第一に尊重する、そしてお互いの文化を尊重する中で、新たな共通文化も作ろうという考え方だ。

　図では、自国の文化をマジョリティ文化、他の国の文化をマイノリティ文化という。

　日本でも多文化共生社会を作ろうとしていて、いろいろな議論や活動が進められている。私は、インターカルチャリズムを日本の実情に合わせた形が作られれば、日本のこれからにとって良いことだろうと思う。日本には日本の特有の文化があり、また、長い歴史の中で外国人との交わりは多くない。日本の文化を尊重する事を通して他の国の文化も尊重できるようになると良い。

　この冊子を読んでいるあなたは、どういう多文化共生社会を目指したいだろうか。

第5章　人づくりと制度づくりの大切さを学ぼう

1　多文化共生社会をつくる人

（1）主役は何をすればいいの？

　前の章（第4章）で、多文化共生社会の主役は一人一人の人なんだ、と学んだね。でも、主役だと言われた自分や外国人や一人一人の人は何をすればいいの？って思うよね。

　前の章で学んだもう一つのこととして、「一つの国の中に、もともと住んで生活している人以外にいろいろな国の人が移り住んで、お互いの文化と相手を尊重し合って生活していることを『多文化共生』という」があったね。ということは、「お互いの文化の違いと相手と自分の違いを尊重し合う」ことをするということだ。

　これって、どういうことかな？

　身近なことを例として取り上げてみよう。

　ある学校Aで、35人の生徒のクラスの中に1人、みんなと違う生徒がいる。その生徒は外国人かもしれないし、障がいのある日本人かもしれない。その1人の生徒を、手間がかかり面倒だというように先生が扱うとしたら、1人以外の34人の生徒は、自分たちと違う生徒はじゃま者扱いすればいいんだと学んでしまう。

　別の学校Bでは、同じようにクラスに1人みんなと違う生徒がいる場合に、先生がクラスの生徒に対してその1人の生徒を、なぜ違うのか、そしてその生徒がどういう考えを持っているのかを知るようにした。34人の生徒は自分のことを見つめ直して、違いを生かして一緒に何かをつくり合うようになった。34人の生徒は、自分たちと違うということは良いことだと学ぶ。

　学校Aのクラスの34人が大人になって海外に出た時に、海外ではまわりと違うのは自分になるので、やば

48

い！と萎縮してしまう。

　学校Bのクラスの34人が大人になって海外に出た時には、海外で自分がまわりと違う者であることをいいこととしてとらえて、やったー！と活動する。

（2）自分と違う人がいるとなぜいいのだろう

　わかりやすくするために想像の世界のクラスの話をする。

　自分のクラス全員が自分と同じ人間ばかりいるクラスを想像してみよう。そこ

では誰と話をしても自分と全く同じ意見なので意見の対立はないし、自分の好きなことは他の人も好き、嫌いなことは他の人も同じように嫌い、何かアイディアを思いついても他の人も全く同じアイディアを出してくる。他の人とトラブルもない。このクラスにいると、自分の良いところや悪いところも気が付かなくなる。自分が変わる必要に気が付かない。

　もうわかったよね。自分と違う人がいることで、自分と比べて、自分の良いところ、良くないところを考えることができる。自分では考えつかなかったアイディアが他の人から出て来る。こういうことを通して、自分の考える力を高められるんだ。それに、相手の良いところを知る事ができ、相手を尊重することができる。

（3）相手を知ることについて、一つ気を付けてほしいこと

　「差別」を知っているかな？自分と違う人を、その違いがあるということで、意地悪をしたり、無視をしたり、相手がしたいことをできないように邪魔をしたりすることだ。「違い」が差別につながっていくのか、それとも自分を高めることにつながっていくのかの分かれ目は、相手を相手の価値観で知ることをすれば自分を高めることができ、相手を自分の価値観で見るならば差別につながっていく。自分の価値観だけで見ることは相手を知ることにならないからだ。「価値観」というのは、良い、悪い、好き、嫌いの考え方のことだよ。

その時に相手の価値観に同意する必要はない。大事なのは、相手の価値観で見ると相手を知る事ができるということだ。

（4）相手の価値観で見ると相手を知る事ができる

実際の例を一つ話そう。

中国と韓国は、日本の隣の国だよね。近い国であればお互いが理解しやすくて仲が良いはずだけれど、それぞれの国の人にアンケートをとってみると、「日本に良くない印象」を持つ人がなんと中国では56％、韓国では51％であるし、逆に日本では中国に対し86％、韓国に対し46％が「良くない印象」を持っている。

日本人から見える中国は、共産党独裁で自由にものを言えない国だから好きになれない。中国の人から見える日本は、中国の学校で学んだ日本は第2次世界大戦の時に中国に侵略した日本の軍隊が中国の人々にひどいことをした国なので、好きになれない。

ただ、これは自分の価値観で相手を見ているということだよ。日本の価値観ではなく中国の価値観で中国を見るには、共産党独裁には理由があるし、自由にものを言えないことにも理由がある、その理由を知ることだ。独裁や自由にものが言えないこと自体に同意はしないけれど、理由がわかると中国のことを知ることができる。

自分の価値観だけで見て相手を嫌だと言っていても嫌なままで何も生まれない。

さらに言うと、中国の人も日本の人も、個人で付き合いがあると、全く違って好き、ということがしばしばある。「中国」とか「日本」とかをそれぞれ一つのカタマリで見ると、その中の一人一人が見えない。個人で付き合うと相手のことを知ることができて、好きになることもできる。

（5）一人一人の主役は何をすればいいの？

最初の問いに戻ろう。「多文化共生社会の主役だと言われた自分は何をすればいいのか？」…　そう、相手の違いを知ることだ。相手の価値観で相手を知るということだ。

多文化共生社会をつくる主役は一人一人の人、そして一人一人がすることは、相手の違いを相手の価値観で知ることだ。でも、実際の自分の生活を考えてみる

と、自分がどこまでそのようにできるかわからないし、そもそも他の人はそういうことを知らない人が多そうだ。

　この章の題にある「人づくり」というのは、そういうことができる人になるように学ぶということだよ。では、どこでどうやって学べばいいのだろう。

（6）どこで学べばいいの？

　一つは学校だ。学校に外国人の生徒がいるならば、その外国人の生徒と自分の違いについてなぜ違うのか理由を考えて相手と接することが、学ぶことになる。

　例えばその生徒がブラジル人だとしよう。ブラジルと日本では、文化や生活習慣にいろいろな違いがある。日本の小学校、中学校では落第はないよね。それが当たり前のことだ。でも、ブラジルの学校には落第がある。例えば、小学校２年生から３年生に進級する時に試験があって、それに合格すると３年生になれる。合格しないと落第で、２年生をもう一度することになる。日本の学校では、授業参観や家庭訪問があるよね。それが当たり前のことだ。でも、ブラジルには日本のような授業参観や家庭訪問はない。ブラジルで親が学校に行くのは、自分の子どもが学校で何か問題を起こしてしまって呼び出された時だし、先生が家庭に来るのは生徒が学校で何か問題を起こした時だ。

　友だちの作り方も日本とブラジルでは違う。

　日本の中学生は、男子は男子、女子は女子の友だちの場合が多いし、グループが出来やすい。仲間はずれもある。ブラジルでは、どんどん話しかけて友だちを作るし、男子も女子もお互いに友だちになるのが自然だ。グループでかたまることはあまりしない。

　こういう違いをお互いに知らないと、授業参観の通知をもらったブラジル人の母親は、自分の子が学校で問題を起こしていないから授業参観に行かないし、学校の先生はこの親を教育不熱心な親であると誤解する。また、友だちの作り方の違いをお互いに知らないと、ブラジル人の生徒は日本人の生徒にとけこみたくても受け入れてもらえなかったりする。

　日本で当たり前と思っていることが、外国では当たり前ではない。外国では日本と違うことが当たり前ということがたくさんある。

　相手の違いを相手の価値観で知ることができるように学ぶには、違いに気付く

ことから始まり、そしてその違いの理由を知ることで学ぶことが出来る。

　「人づくり」には、違いに気付きその理由を考える場があることが必要だね。そういうことを知っている先生がいるととても助かるし、まわりにそういうことを知っている大人がいるととても助かる。違いに気付くことができれば、違いの理由は自分でも調べることができる。知っていそうな人に聞くとか、本で調べるとか、インターネットで調べるとか。

　知っている先生がいたりいなかったり、知っている大人がいたりいなかったり、調べることができたりできなかったりの場合は、なかなか学ぶことが出来ないよね。学ぶことのできるしくみがあるといい。

2　多文化共生社会をつくるしくみ
（1）しくみと制度

　「しくみ」というのは、何かをするとそのしくみを通して何かが出来てくるものを言う。

　例えば、学校で生徒会長を決めるには、立候補する生徒が何人かいて、生徒全員で投票して決めるよね。立候補をして（何かをする）、投票をする（しくみ）と、生徒会長が決まる（何かができる）。

　「制度」というのは、「何かをする」→「しくみ」→「何かが出来る」という全体のことをいう。そして、程度はさまざまだけれど、その制度に従わなければならないという力を持っている。

（2）どういうしくみや制度があるといい？

　多文化共生社会を作る「人づくり」にはどういうしくみや制度があるといいのだろう。相手の違いを相手の価値観で知る事について学ぶことのできるしくみや制度。ここでは教育について考えよう。

　一つは学校。学校は学ぶところだから、その中で学べるといいね。学校で、社会や多文化や多文化共生の知識について学べるといい。そして同時に、クラスにいる外国人生徒などの自分と違う生徒について、相手の価値観を知って相手の価

値観で違いを学ぶということを実際に自分自身で行う。

そこで一つ気を付けて欲しいことがある。学校全体の生徒の数の中で外国人生徒の数は日本人生徒よりも少ないので、少ないことについては後回しになりがちということだ。これは、この章の最初に書いた「学校A」の考え方だね。「学校B」の考え方でいくと、少ない人の違いを知る事で自分たちを見つめ直し、違いを生かして一緒に何かをつくり合う。そう、大体似たような生徒の「多数」にはない違いを「少数」が持っていて、それが「多数」の生徒一人一人の自分を見つめ直すきっかけになり、一緒に何かをつくり合う…これって「多数」が変わることが出来て、考える力が高まることになるよね。

「少数」だからといって後回しにしたり無視したりするのではなく、「少数」の持つ違いから「多数」の考える力が高まる。学校にこういうしくみがあるといいよね。

（3）制度にはどういうものがあるだろうか

子どもの教育に関しては、「義務教育」がある。これは日本の小学校と中学校について、保護者は子どもを学校に入れなければならない、という保護者の義務だ。これは日本国憲法に書いてある。ただ、日本国憲法は国民（日本国籍を持つ人）が対象なので外国籍の人は対象外だ。これだけだと、外国人の子どもは義務教育を受けられないというように理解されてしまうが、一方で、国際的な「子どもの権利条約」がある。全ての子どもは教育を受ける権利がある、という内容だ。日本もこの条約に入っている。この「子どもの権利条約」があるので、外国籍の子どもも希望すれば学校に入れるし日本人と同等の教育を受けることができる。

ただ、子どもが何かの事情で学校を中途退学した場合、日本人の親は別の学校に子どもを入れなけれなければならないけれど、外国籍の親には義務はないので、親によっては子どもが退学して学校に行っていないままにするという、子どもにとって良くない状況が起きることがある。こういう状況に対して、外国人が多く住んでいる市から、外国籍の子どもも義務教育の対象にして欲しいという提言を日本政府に出している市もある。

（4）学年に関わる制度

日本の学校制度では、小学校と中学校の生徒の学年は年齢で決まる。例えば、

14才で日本に来た生徒は中学3年生に入る。自分の国の中学校で良い成績の生徒でも、日本に来てまだ日本語ができないので授業がわからない。文部科学省はそういう場合に、年齢にかかわらず下の学年に入れてもいい、という通知を都道府県の教育委員会教育長に出している。

　また、年齢で学年が決まるので、例えば16才で日本に来た生徒は年齢オーバーで中学校に入れない。文部科学省は、そういう場合には、年齢オーバーでも中学校に入れてもいい、という見解を出している。

　ただ、いずれも命令ではなく、するかしないかは校長先生、実質は自治体の教育委員会が決めることになっている。自治体によって、している自治体としていない自治体がある。自治体によって、外国人の子どもは、入れたり入れなかったりする。その生徒の人生にとっては大きな問題だよね。

（5）しくみも制度も変えられるもの

　制度は、その対象にならない人がいたり、また、制度を作った時から世の中の状況が変わって、制度自身が世の中の状況と合わないところが出てきたりする。

　大事なことは、しくみも制度も変えられないものではなく変えられるものだということだ。また、一人一人が自分のこととして目の前の問題について考え、何のためにどういう制度があるといいのかを考えることだ。新しいしくみや制度を作る必要があるかもしれない。

　しくみや制度は、学校や市や国が作るものがたくさんある。それで十分だと思ったり、任せきりにするのではなく、一人一人が考え、変える提案や新しく作る提案をしよう。自分たちで作ることができるものだということだ。

　しくみや制度は、それを通して生活していたり仕事をしていたりするので、そのしくみや制度に込められた考え方と同じような考え方をするようになる。それが当たり前の考え方だと思うようになる。しくみや制度は世の中を変える力を持っているということだ。

☆　この章のまとめ

（1）「違い」が差別につながっていくのか、それとも自分を高めることにつながっていくかの分かれ目は、相手を相手の価値観で知ることをすれば自分を高めることができ、相手を自分の価値観で見るならば差別につながっていく。自分の価値観だけで見るということは相手を知ることにならないからだ。

（2）多文化共生社会をつくる主役は一人一人の人、そして一人一人がすることは、相手の違いを相手の価値観で知ることだ。「人づくり」というのは、そういうことができる人になるように学ぶということだ。その学びは、違いに気付くことから始まり、そしてその違いの理由を知ることで学ぶことができる。

（3）「少数」だからといって後回しにしたり無視したりするのではなく、「少数」の持つ違いから「多数」の考える力が高まる。

（4）しくみも制度も変えられないものではなく変えられるものだ。一人一人が自分のこととして目の前の問題について考え、何のためにどういう制度があるといいのかを考えることだ。しくみや制度は、学校や市や国が作るものがたくさんある。それで十分だと思ったり、任せきりにするのではなく、一人一人が考え、変える提案や新しく作る提案をしよう。自分たちで作ることができるものだ。

★　みんなで話し合ってみよう

（1）日本人と、学校や身近にいる外国人との間で、学校のルールや学校生活についてどういう違いがあるか話し合ってみよう。

（2）上記（1）で話し合ったそれぞれの国の学校のルールや学校生活がなぜできたのだろうか？

コラム8　いろいろな国の学校生活と学校制度

国名	部活動	運動会	給食	長期休業	授業参観	家庭訪問
日本	ある	ある	ある	宿題がある	ある	ある
ブラジル		ない	ある	宿題や登校日はない	ない	ない
ペルー		ある	ない		ない	ない
フィリピン	ない	スポーツ大会			ある・ない	ある・ない
ベトナム	ある	自由参加	小学校は学校食堂	宿題出すこともある	ある	
中国	ない	ある	ある		ない	ない
韓国	ある	ある	ある	宿題多い	ある	

注）・上記は公立学校での一般的内容。私立学校は異なる。空欄は不明。
　　・出典：外務省及び千葉県教育委員会のホームページほかから著者作成。

	:義務教育		落第	学校年度	授業時間
国名	学校制度				
日本	小学校 6年　中学校3年	高校 3年	なし	4月～3月	全日制授業
ブラジル	初等学校 9年	高校 3年	あり	2月～12月	半日制授業
ペルー	小学校 6年　中学校 5年		あり	4月～3月	半日制授業
フィリピン	初等学校 6年　中等学校 6年		あり	6月～3月	半日制授業
ベトナム	小学校 5年　中学校 4年	高校 3年	あり	9月～5月	半日制授業
中国	小学校 6年　中学校3年	高校 3年	あり	9月～7月	全日制授業
韓国	小学校 6年　中学校3年	高校 3年	あり	3月～2月	全日制授業

注）・学校制度の「初等学校」などの呼び方は、国により異なります。上表では、便宜上、日本に似せた呼び方としました。
　　・授業時間は、同じ国の中でも学校により異なる場合があります。また、ペルーでは夜間部もあります。
　　・出典：外務省及び千葉県教育委員会のホームページほかから著者作成。

日本の小中学校では、授業参観や家庭訪問は当たり前のことだけれども、他の国々ではそれは当たり前ではない。部活動や、運動会、給食、夏休みの宿題もそうだ（左の図を参照）。また、日本の小中学校は落第がない。これも当たり前だけれども、他の国ではそうではない（左下の図を参照）。

そして日本では学年度は4月に始まり、翌年の3月に終わる。また、日本では年齢で学年が決まるし、年齢が4月時点で15才になってしまうと中学校に入学できない市が多い。これも日本では当たり前だけれど、他の国では当たり前ではない。実際にあったケースでは、中国人の親が中学3年の子どもを2月末に日本に呼び寄せた。親は日本の学年度が4月始まりであることから、その手前に呼び寄せて日本の中学校でもう一度4月から中学3年生に入学すれば日本の高校受験に準備もできると考えたからだ。子どもは3月初めが15歳の誕生日だったので、4月から中学3年生には過年齢で入学はできないと言われた。相談に訪れたので、中国にすぐ帰国し中国の中学校を卒業（7月）してから再来日することを助言した。こうすることで高校受験に必要な9年の学歴を得た上で、日本語の習得など高校受験準備に集中することができる。

コラム9　ベルギーの「世界一の市長」が作った「バディ制度」

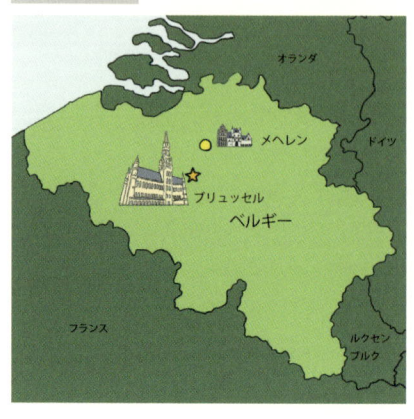

ヨーロッパで、オランダ、ドイツ、フランスなどに接する国ベルギーに、人口8万人のメヘレン市がある。もともとは炭鉱の町で1960年代以降、労働力として移民を受け入れた。しかし、1990年代に炭鉱が閉鎖されると、失業者があふれ犯罪が増加。移民と住民の間で分断ができ、メヘレン市は「ベルギー最悪の街」と呼ばれた。

それを大きく変えたのは、2001年に選ばれた市長。市長がまず取り組んだのが、治安対策。小さな犯罪も徹底して取り締まり、市内のいたるところに防犯カメラを設置。次に行ったのが、街の美化。街をきれいにすることで誇りを持て、治安の改善にもなった。そして移民対策として始めたのが「バディ制度」。バディは英語で、相棒の意味。制度に参加を希望する住民のボランティアと移民に聞き取り調査をして、相性が良さそうな2人をバディにして半年間の交流を進めてもらう。

バディは、移民が必要ないろいろな手続きや病院の利用の仕方などで相談に乗り、移民が街に溶け込みやすくする。中には、バディと移民がお互い家族ぐるみの付き合いをするようになるケースもある。

移民はこの制度のおかげで地元の人と知り合いになれ、孤立することなく自分と家族の生活を作ることができた。また、バディは、移民と付き合うことで、相手の文化を知ることができ、移民に偏見を持っていたことに気付くケースもある。市長は、2016年にイギリスの調査会社から「世界一の市長」に選ばれた。（出典、2018年5月16日　NHK NEWS WEB）

このニュースでわかる事は、自分と違う人々をかたまりとして見るのではなく、一人の人として付き合うことで、相手の価値観がわかり相手を知る事ができるという事だ。

第6章　世界から群馬を眺めてみよう

1　国を追われた人々との共生

（1）世界における移民・難民問題

　私たちは世界で起きているさまざまな問題や出来事を、あたかも映画でも観るような感覚で捉えていないだろうか。例えば本ブックレットではこれまで、外国にルーツを持つ人々との共生について考えてきたけれども、世界で起きている移民・難民問題と群馬で起きていることに関連はなく、自分たちとは無関係であると思ってしまうかもしれない。しかし、私たちが今、群馬で直面している問題は、実は世界各国・地域が直面している最新の問題でもあるのだ。本章ではこのことを幾つかの具体例を交えながら考えよう。

　まずは移民や難民との共生について取り上げてみよう。国際移住機関（IOM）によると、国際社会は現在、非常に大きな人口移動の波にさらされている。IOMによって把握された移民は2018年の統計で約2億4千万人おり、世界の総人口の3％を占める。ここに不法移民や難民などを加えるのなら、数字はさらに膨れ上がるだろう。

　では、国際社会が正式に認定した「難民」はどのくらいいるのだろう。難民には、難民条約（1951年に採択）で定義される「条約難民」に加え、政治的な迫害から逃れて自ら進んで亡命する「政治難民」、経済的な理由から母国を逃れる「経済難民」などの定義があるが、国連難民高等弁務官事務所（UNHCR）によれば、母国を追われた難民は世界で約6,560万人と報告されている。このうち、UNHCRが支援する条約難民は約1,720万人である（ちなみに、その約半数が18歳未満の子どもであることがわかっている）。

　移民と難民の問題を一緒に扱うことに抵抗を覚える人もいるかもしれないが、両者に共通する「移動」という行為に注目して、それが自発的かどうかを考えてみるのも良い。自発的な移動とは、自分の好きな場所に自ら望んで行ったり（代表例としては旅行など）、場合によっては移住したりすることである。非自発的な移動とは、移動せざるを得ない移動であり、何らかの外的要因によって生じたものだ。それは例えば、戦争や紛争、内戦、さらには極度の貧しさ、災害などで

58

ある。自然災害による非自発的移動は、復興後に帰ることが可能だが、戦争など
の場合は難しい。なぜなら彼女ら・彼らはそもそも、政治上の理由などから国籍
を剥奪されたり、迫害されたり、経済的損失を被ったりして、国外への脱出を余
儀なくされたからである。

（2）ロヒンギャ民族の悲劇

　国を追われた人々との共生について考えると、シリア内戦にともなう難民問題
や欧州各国の対応、さらにはアメリカやカナダにおける移民政策について思い出
す人もいるかもしれない。しかし、群馬に住む私たちの身近にも国を追われた人々
やその子孫が住んでいる。過去にはベトナム戦争時に国を追われたインドシナ難
民が群馬にもやってきた。第3章で取り上げたあかつきの村は、ベトナム難民定
住センターとして彼女ら・彼らを受け入れていた。現在の群馬では、ミャンマー
（旧ビルマ）から追われたロヒンギャ難民たちが、特に館林を中心に新たな暮ら
しをスタートさせている。ロヒンギャとはミャンマー南西部のラカイン州に住む
イスラム教徒である。仏教徒が9割を占めるミャンマーでは少数派だ。

　ロヒンギャ難民はなぜ日本にやってきたのだろう。背景にあるのはロヒンギャ
に対する迫害だ。はじまりは1962年、社会主義寄りのネ・ウィン軍事政権が誕生
してからだった。同政権はロヒンギャに対するさまざまな人種差別を行った。ロ
ヒンギャ出身者は、軍人や警察官であっても、大学や高校の先生であってもその
職を奪われた。入管や税関、財務省、市役所などで働いていた人々も同じく職を
失った。暴行や住宅破壊も平然と行われた。ロヒンギャは迫害が起きる度に故郷
を追われ、隣国バングラデシュへと向かった。1978年と1991年にはそれぞれ30万
人がバングラデシュへ逃れた。2000年に入っても迫害は続き、2005年から6年に
かけてはボートピープルとなり、マレーシアやタイ、インドネシアに逃れた人々
もいる。続く2012年には10万人、2016年にも10万人、そして2017年に起こった大
規模なロヒンギャ迫害事件（村々が焼き払われ、子どもも含めて女性たちは強姦
され、大規模な強制連行と殺害が行われた）の際は、約70万人が国外へと脱出し
た。難民となったロヒンギャは、バングラデシュにあるコックスバザール難民キャ
ンプに助けを求めるか、行く先も定まらないまま国外へと逃れた。

　「イスラム教徒と仏教徒の対立は政治的に作られた」と語るのは、在日ビルマ

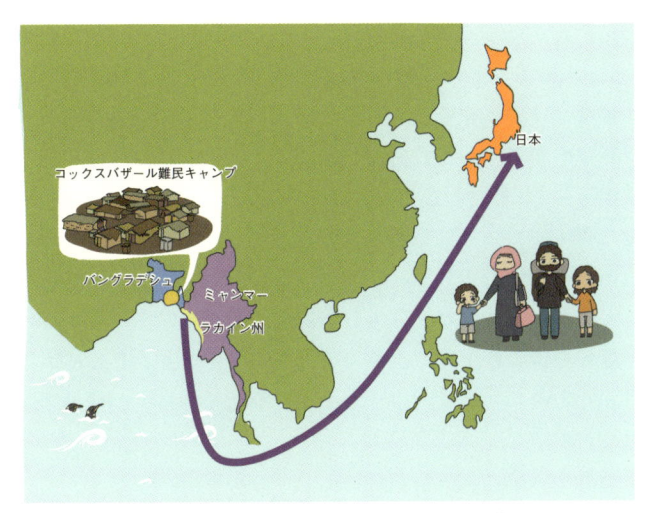

図1　ラカイン州を追われたロヒンギャ族

ロヒンギャ協会のアウン・ティンさんだ。彼によると以前のミャンマーは、イスラム教徒も仏教徒とも分け隔てなく仲良く暮らしていたという。民族間の争いもなく、さまざまな人々が一つの地域で共に生活を営んでいたのだ。それが壊されたのは前述のとおり1960年代初頭であった。世界政治における東西の冷戦構造が、ミャンマー国内をも分断し、国民の中で「敵」と「味方」を生んだのだ。国内の「敵」となった少数派イスラム教徒のロヒンギャは、脅迫、迫害、そして暴力の対象となった。

　だからアウンさんは「戦った」と語る。命と家族を守るため、そして地域を守るために学生運動に身を投じた。だが武装した軍隊や警察の前ではなすすべもなく敗北。ボートピープルとなり、命からがら日本にやってきたのだった。

（3）日本での試練

　しかし日本にやってきたアウンさんには第2の試練が待っていた。それは、いかに日本に住み続けるか、という問題であった。日本には3ヶ月間の観光ビザで入国しているものの、期限はあっという間に過ぎた。難民申請も考えたが、申請すれば入管（入国管理局）に捕まると仲間たちに言われた。強制送還される可能

性があるのだ。しかたなく申請を諦め、オーバーステイの状態が続くこととなった。「オーバーステイ」とは、許可された期間を超えて日本に滞在していることである。つまりは違法状態だ。

　日本では難民申請者や移民に対して、よく「違法になるくらいだったら『母国に帰ったらどう？』」と言われることがあるが、アウンさんの場合は「できることなら母国に帰りたい。でも家族も自分も命の保障がない」。だから帰国できない状態が続いているのだ。

　アウンさんは今、日本国籍を取得して群馬県館林市に住んでいる。入管での2度の拘束を経て在留資格を得た。その後に永住権を取得。さらに数年を経て日本国籍を取得したとのこと。母国に帰ることを夢見ながら、なぜ日本国籍を取得したのか。

　答えは子どもの将来にあった。最初の子どもが生まれたとき、アウンさんはその国籍を「日本にしたい」と望んだがダメで、無国籍もダメだったので、仕方なくミャンマー国籍にしたという。しかしミャンマーでは、ロヒンギャに対する国籍が認められていないため不安が残った。後年、ロヒンギャに対する大規模な掃討作戦と迫害を目の当たりにし、アウンさんはついに決断した。それは、子どもたちの将来のために、親である自分自身がまずはミャンマー人であることを辞め、日本人になることだった。

　アウンさんの実体験が私たちに問うことは何か。さまざまなことが提起されていると思う。一つは、対立を煽る政治の暴力である。例えば、紛争や内戦の多くが「宗教の違い」から生じているかのように見えるが、その捉え方は不十分である。本章で取り上げたロヒンギャは政治的理由により国内の敵となり、迫害の対象となったが、かつてはイスラム教徒も仏教徒も仲良く暮らしていた時代があったのだ。

　「難民」という切り口から世界に目を向け、日本の現状を捉え直すことの大切さも問われている。日本が難民条約に加わったのは1980年代初めだが、50年過ぎた今でさえ日本人の難民に対する意識は低い。難民とどう向き合うかという課題は、テレビの中ではなく、この瞬間にも群馬で起きているのだ。

2　協働関係を築く挑戦

(1) 働き、稼ぎを得ることの大切さと難しさ

　多文化共生社会は、単にいろいろな国の人がいるだけでは成立しない。4章での議論を思い出そう。社会とは「人と人が関わり合いながら、一人一人が自分の人生を創ることができるところ」であった。そして多文化共生とは「一つの国の中に、もともと住んで生活している人以外にいろいろな国の人が移り住んだりして、お互いの文化と相手を尊重し合って生活していること」と考えた。この二つを合わせると、多文化共生社会とは、外国人であれ、日本人であれ、一人一人が自分の人生を選び、人生を創ることができるところ、と考えることができよう。

　では、一人一人が自分らしく人生を創るためにはまず何が必要だろうか。答えの一つは働くこと、そしてその代価としてお金を得るということである。将来に対する夢を持っても、日々の暮らしを支える経済力がなければ私たちはそもそも生活ができない。外国人が生活に必要な稼ぎを得て、地域で持続的かつ安定的に暮らしていくためには、外国人と日本人の協働関係が欠かせない。

　これを現場で実践できるプレイヤーは企業である。高崎市に拠点を置く「グローリーハイグレイス社」は、この挑戦に取り組む代表例である。同社は2017年、群馬県に住む外国人のスキルを生かして、英語教育や通訳事業の他、市町村や法人、企業等の海外業務コンサルティングなどを行う、新たな部門を立ち上げた。そこでは「英語で学童（アフタースクール）」事業や、群馬の魅力を多言語で発信するインバウンド・PR事業なども行っている。「群馬在住の高度外国人で構成されたグローバルなビジネススキル集団！」が同部門のキャッチ・フレーズである。

　一方、外国人との協働についてはさまざまな問題があることも見逃せない。失踪してしまったり、適法ではない働き方をしていたりするケースが後をたたない。しかし、こうした問題の本質は外国人側にあるというより、「実は企業側の責任にあるのではないか」と指摘するのは、大泉町の社会保険労務士・小野修一さんだ。大泉町は、総人口が約4万人で、うち8千人近くが外国人（外国人比率は2018年12月末の統計で18％）という日本有数の外国人集住地域である。

　小野さんは続ける。現在の大泉町について考えるのであれば「ブラジルなどからの日系人が『定住者』として働く場合と、ネパールやフィリピン、ベトナムか

らやってくる人々が『技能実習生』として働く場合とを分けた上で、それぞれの状況を慎重かつ丁寧に議論しなくてはならない」。しかし、そんな中にあっても企業はまず「外国人労働者であれ、技能実習生であれ、一度受け入れたのなら、彼女たち・彼たちを守ることが必要ではないか。日本語教育の実施だけでは不十分である。企業は、受け入れについて全ての責任を負うべきではないか」と。

　著者は、小野さんの使った「守る」という表現にとても大切な意味が込められているような気がする。というのも、外国人の強みや特技を見出し、それを社会の活力に結びつけていく努力は重要だけれども、守るという言葉には、当人では解決し難い問題にいかに手を差し伸べるか、といった問題意識があると思うからだ。そもそも、多くの外国人たちは日本人と同じスタートラインに立っていない。非正規雇用であることから生じる収入の低さや将来に対する不安、親から子に引き継がれてしまう貧しさの連鎖、日本人の外国人に対する理解の乏しさ、偏見、差別など。これらは彼女ら・彼らの能力などとは全く関係のないことである。

（２）偏見が向かう先

　「守ること」は、単に「助けること」とも「支援すること」とも異なるし、受身の姿勢でいることとも異なる。守るとは、より積極的な行為であり、人間の尊厳や権利を掴み取り、それを維持することだと思う。ときに大多数（マジョリティ）側と、少数者（マイノリティ）側が協働する場合では、少数者側を守ることの意義を強調したい。

　ナチ党下のドイツを思い出そう。ヒトラーは、純粋なドイツ人（アーリア人種）が働けど働けど豊かになれないのは、協働のパートナーであるユダヤ人のせいだと、その責任を押し付けた。これがユダヤ人大虐殺へとつながった。犠牲となったユダヤ人は推計で600万人。ナチ党は、アーリア人のための国家建設に向け、ユダヤ人を強制労働収容所に送り、死ぬまで働かせた。ユダヤ人種の絶滅を目的とし、女性と子どもたちをガス室に送った。

　こうした惨劇はもう起こらないと、私たちは自信をもって言えるだろうか。現在のヨーロッパにはガス室も収容所もないが、協働をめぐる問題には未だ決着がついていない。度重なるテロ事件を移民・難民受け入れの問題と結びつけながら、他

者を排斥することがまかりとおり、国粋的なナショナリズムが台頭している。

　伝統的な移民受け入れ国家である米国でも事態は深刻だ。例えば2015年当時、大統領選を戦っていたトランプ候補者は、フロリダ州で起きた銃乱射事件をきっかけとして「イスラム教徒の全面的入国禁止を求める」と主張。拍手喝采を浴びた。2019年現在の同政権

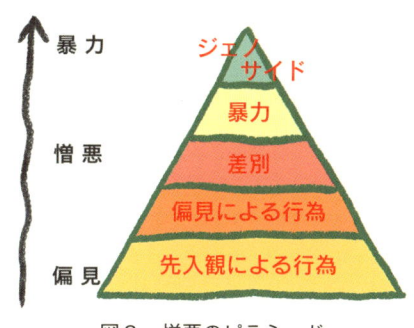

図2　憎悪のピラミッド

は、メキシコ国境の壁建設に向け、その準備を着々と進めている。

　日本だって例外ではない。2017年の法務省の調査によると、日本に住む外国人で過去5年間の間に「外国人であることを理由に差別的な発言を受けた経験」がある人は、3人に1人の割合だ。日本社会における少数者（例えば、在日朝鮮人たち）に対するヘイト（憎悪）・スピーチも大きな問題となっている。これは、差別に基づく攻撃である。誰が彼女ら・彼らを守るのか。

　差別やヘイトスピーチは突然生まれたものではない。「憎悪のピラミッド」を確認しよう。先入観（ステレオタイプ）に基づく偏見とその行為が、差別に基づく暴力を生み、この差別的行為がジェノサイド（大虐殺）へとつながる可能性が示されている。この連鎖をいかに断ち切るか。協働は、多文化共生社会の実現にとって欠かせない一歩であるが、この具体的経験はまた、自分とは異なる者や少数者に対するネガティブで偏ったイメージの強化にもつながるかもしれない。しかし私たちは、協働がもたらすことの意義――違いを知り、それぞれの強みを知り、新たなアイデアを創造するなど――にも、より大きな光を当てても良いのではなかろうか。

3　私たちに課されたこととは　～母とのつながりを探す学びを通して～

　間中あかりさんは、共愛学園前橋国際大学で学ぶ4年生。父が日本人で、母がフィリピン人、2つの国につながりを持つ（このような場合、日本では「ハーフ」と呼ぶことが一般的であったが、最近では複数の国にルーツを持つという意味で

「ダブル」と呼ぶ人も増えている)。彼女には大学卒業までに実現したいことがあった。それは、彼女の母の母国を訪れること。「母と自分のつながり、母と父とのつながりを自分も確かめたい」、物心がついたときからそう考えていたという。家では日本語で話すから、タガログ語も少ししかわからない。そのこともあってか、とにかく自分とフィリピンとのつながりを見つけたかったのだ。

なのに、母からは「あなたがフィリピンに行ってもねぇ…」と、勧められてもいないし、勧められていないわけでもなかったので、そもそもフィリピンへ行く選択肢自体がなかった。しかも、母があまり母国に帰ることがないので、母と一緒に行くこともなかった。結局、生まれてこのかた、一度もフィリピンを訪れたことがなかった。

転機は学部2年生のときだった。大学の授業に、フィリピンを実際に訪れて、フィールド調査を行うクラスがあることを知った。バイトをしてお金をため、母の母国行きを決めた。クラスの選抜試験では、履修希望の理由を「母と自分のつながり、母と父のつながりを見つけたい」と語った。合格し、フィリピン行きの切符を得た。

母と自分を、そして母と父をつなげたものは何だったのか。結果から言えば、数日のフィリピン滞在では、その答えを見つけることが難しかったようである。

しかし、帰国後の彼女は以前とは異なっていた。「いつも適当で、なんでも笑って済ましてしまう母の姿が違って見えた」とは間中さんの言葉だ。「ああ、母はフィリピン人なんだな。フィリピンで見た笑顔と一緒だ」と感じた。フィリピンで見つけられなかった母と自分とのつながりが、帰国後につながり始めた。

大学2年目が終了する頃には、自分の進路や研究したいテーマが明確になり、3年次からは「多文化共生」を専門とするゼミを選択。自分の身近な地域に目を向けると、フィリピン人コミュニティがあることにも気付いた。卒論のテーマは「群馬県の多文化共生〜前橋市を中心に」。若者に対する意識調査を行ったほか、前橋市を中心とした多文化共生の取り組みやその実態を調査し、外国人住民への定住支援のあり方や多文化共生自体の考え方、外国人住民との付き合い方などについて提言を行った。

彼女のストーリーから何を感じるだろう。ここには、本章でこれまで述べてき

たこと——つまりは、共生の課題と、協働という挑戦——に向き合っていくためのヒントが隠されていると思う。ひとつは、自分を知ることが、相手を知ることにつながるということである。間中さんは、自分のルーツであるフィリピンを訪れたことによって、一番近くにいる母に対する見方が変わった。通念や思い込みが崩れていく瞬間を感じたのではなかろうか。

　自分のルーツを辿りながら、自分を知るということはまた、相手にも同じような歴史や経験があり、その延長線上に今があることを想像する「心」と「発想力」を育む。これも重要なヒントだと思う。他者に関心を寄せることなく、新たな外国人住民を単に労働力とか、単に（生身の）人間、と捉えるのではなく、背景や経緯をもってこの地に住んでいる人と発想できるだけでも、私たちのまなざしは偏狭に陥らない。相手について想う心と発想力が、地域を織り成す多様な人々のストーリーとその豊かさに気づくきっかけになると思う。

☆　この章のまとめ
（1）群馬県が抱えている多文化共生に関する問題は、世界各国・地域が直面している問題と無関係ではない。
（2）自分の人生を選ぶことができ、自分の人生をつくることができる多文化共生社会を創造するためには、外国人と日本人による協働関係の構築が必要である。
（3）他者に対する偏見は、差別や暴力行為、虐殺などの問題に発展し得る。自分自身のルーツを辿り、自分自身について見つめ直す学び方は、偏見から生じるネガティブな連鎖を断ち切るための有効な手段となるかもしれない。

★　みんなで話し合ってみよう
（1）あなたが母国以外の国で生活することになったら、どんなことに困るだろうか。想像しながら話し合ってみよう。
（2）偏見やステレオタイプをなくすにはどうしたら良いのだろうか。身近に具体例を見つけながら、話し合ってみよう。

コラム 10 「イスラームは平和を愛する宗教です」

　JR伊勢崎駅のすぐ近くに、緑色の壁のイスラム教のマスジド（礼拝所、英語でモスク）がある。金曜日のお昼になると、信者たちが礼拝のために集まってくる。パキスタンから来た人、バングラデシュの人、インドネシア出身の人、日本の人もいる。

　土曜日には、礼拝の後にイスラム教の聖典クルアーン（コーラン）の勉強会がある。この日は家族でやってくる人も多い。だから、礼拝と勉強会のあと、みんなで夕食を食べながらおしゃべりを楽しむ。

　日本で暮らすムスリム（イスラム教信者のこと）はいろんな困りごとや悩みに直面している。子どもの教育のこと、近所付き合い、仕事のこと…。だから、礼拝を通して神への信頼を深め、同じ信仰をもつ仲間と楽しい時間を共有することは、生きていくエネルギーの源になる。

　伊勢崎マスジドのイマーム（指導者）であるカマル先生は、テロの報道などでイスラム教は怖いと誤解されていることがとても残念だと言う。「テロを起こす人たちは、自分たちの欲望のためにイスラームの名前を利用しているだけなのです。イスラム教の教えの根本は分かち合いであり、弱い立場の人を大切にすることなのですよ」とカマル先生は話す。「イスラームは本質的に平和を愛する宗教なのです」。

　群馬県にはマスジドが少なくとも8カ所ある。館林市にはロヒンギャの人が多く集まるマスジドもある。どのマスジドも、イスラム教徒でない人たちの訪問を歓迎している。一度訪ねてみてはどうだろうか。「アッサラーム・アレイクム（神の平和があるように）」という挨拶があなたを迎えてくれるだろう。

コラム11　外国人参政権について考えよう

　参政権とは政治に参加する権利（選挙に参加することや、選挙に出て投票されることで人々の代表になることなどを含む）であるが、外国にルーツを持つ人々の参政権はどうなるのだろうか。

　選挙には、国政選挙（国の政治に関わる選挙）と地方選挙（地方自治体の政治に関わる選挙）があるけれど、国際社会全体から眺めてみると、外国籍住民に対して国政選挙への参加を認める国は少ない。一方、地方選挙については比較的多くの国が認めているのが現状である。

　さて日本ではどうだろう。例えば、以下２つのケースについて考えてみよう。AさんとBさんの参政権は認められるのだろうか。

<ケース１>
　日本国籍以外の国籍を有するAさん。日本人女性と結婚し、日本には10年以上住んでいる。日本人と同じように税金を納めている。

<ケース２>
　在日朝鮮人で日本生まれのBさん。一家は祖父母の代から日本に住んでおり、一家全体の日本在住歴は70年以上。税金も納めているし、日本語も話すし、日本の友人も多い。日本の企業で働いている。

　現在の日本では、どちらのケースも国政・地方ともに参政権は認められていない。これら２つは実際の裁判をモデルにしたものだが、裁判では原告（参政権を認めるべきだと主張）の訴えは棄却されている。その主な理由は「外国人の人権には、その性質により保障されるものとされないものがある」「国政選挙、地方選挙とも、日本国民にのみ保障された権利である」であった。

　外国人の参政権について反対する側は、この権利が、１）主権の侵害をもたらしかねず、２）国民主権という原則にも反する、３）国籍を取得すれば良いのではないか、などと主張している。一方の賛成派は、参政権は１）基本的人権の一つである、２）外国人の権利と生活を守る手段である、３）地方選挙であれば国政に関する影響は少ない、などと主張する。読者の皆さんはどう考えるだろうか。

おわりに

2017年12月、このブックレット作りについて私たち３人のミーティングがスタートしました。それ以降、2019年１月までミーティングを何回も重ねる中で、「多文化共生」について、お互いの意見の交流を通して多くの気付きがありました。群馬県や日本の社会の課題と「多文化共生」が密接につながる、という視点で方向ができ、過去と現在を踏まえ未来につながる内容になっていきました。

　私たちが、対象となる読者として特に意識したのが中高生です。中高生にとって分かりやすい内容を心掛け、結論を押し付けるのではなく、中高生が議論をして自ら考え、試行をする、そういうことができる「教材」ともなることを目指しました。今の中高生たちは20年後には群馬の、そして日本の社会の中核となる人材です。少子高齢化が急速に進む日本という国が、これから創造力が豊富にある国を目指すとしたら、「多様性」が大きな力になるでしょう。加えてグローバルな環境が広がる中で、外国人の多様性は貴重な成長のエネルギーです。日本人と外国人が一緒に作る「多文化共生」の営みが、創造力が豊富な日本を目指す国作りの推進力になるでしょう。

　中高生にとってわかりやすいということは、レベルが初歩ということではなく、むしろ根本のところから話を起こしているという意味で、「当たり前」を見直す機会となるものです。中高生以外にも幅広く若い世代から高齢の世代まで、考え、試行のきっかけとなり得る内容になっているのではないかと思います。

　「おわりに」にあたり、このブックレットをもとに考え、試行するきっかけとする考え方をいくつか提示しておきたいと思います。一つは、左の図です。「多文化共生」は日本人から外国人に働きかけ支援をするということに加え、外国人自身が他の外国人を支援する、さらには、外国人から日本人に働きかけ一緒に何かをする、と

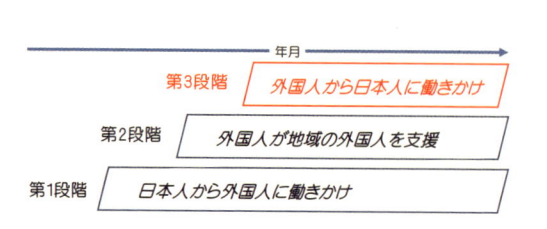

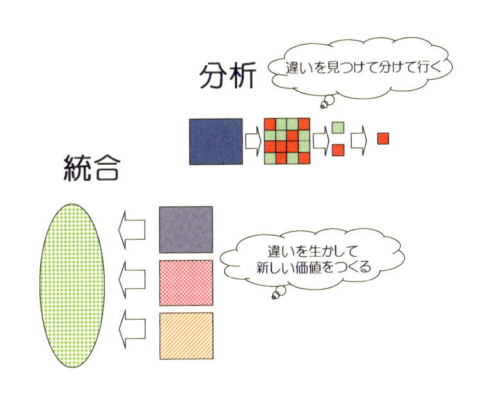

いう、日本人と外国人の関係が多様に発展するものでもあります。

　二つ目は、「分析」と「統合」です。現象や課題について探究する場合、ふつうは違いを見つけて細かく分けて行く（分析）やり方をしますよね。「多様性」を生かすには、違いを生かして新しい価値をつくる「統合」というやり方も大事ですね。

　三つ目は、将来起きる課題の「先取り」と、解決策を「先手」を打って作るということです。この「先手」は将来だけでなく、現在の課題の解決にも役立つでしょう。

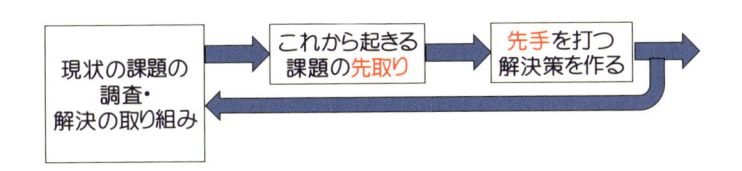

　このブックレットが、10年、20年先を考え、「先取り」をし「先手」を打つことに役立つことを切に希望します。また、みなさん一人一人の「自分の多文化共生」作りに役立つことを期待しています。

　最後に、私たち執筆者３人は、それぞれのバックグラウンドが「異なる」３人です。多様な３人が一緒に作ったこのブックレットは、「多様性を生かす」実例にもなったのではないかと思いつつ筆を置きます。

2019年３月
執筆者を代表して　本堂晴生

＜主要参考文献＞

あかつきの村ベトナム難民受入れ25周年記念誌発行委員会（編）『あかつきの村ベトナム難民受け入れ25周年記念誌〜難民と共に歩んだ25年間〜』あかつきの村発行、2007年。

荒牧重人・榎井緑・江原裕美・小島祥美・志水宏吉・南野奈津子・宮島喬・山野良一（編）『外国人の子ども白書──権利・貧困・教育・文化・国籍と共生の視点から』明石書店　2017年。

移民政策学会設立10周年記念論集刊行編集委員会（編）『移民政策のフロンティア〜日本の歩みと課題を問い直す』明石書店、2018年。

岩波書店辞典編集部（編）『世界の名前』（岩波新書）岩波書店、2016年。

内海愛子・山脇啓造（著）『歴史の壁を超えて──和解と共生の平和学』法律文化社、2004年。

小泉康一・川村千鶴子（編著）『多文化「共創」社会入門：移民・難民とともに暮らし、互いに学ぶ社会へ』慶応義塾大学出版会、2016年。

小﨑敏男・佐藤龍三郎（編著）『移民・外国人と日本社会』原書房、2019年。

佐々木てる（編著）・駒井洋（監修）『マルチ・エスニック・ジャパニーズ──○○系日本人の変革力』明石書店、2016年。

ジェラール・ブシャール（著）・丹羽卓（監訳）・荒木隆人・他（訳）『間文化主義　インターカルチュラリズム　多文化共生の新しい可能性』彩流社、2017年。

畠山学（著）『出入国管理制度ガイドブック』日本加除出版、2017年。

外国人住民基本法の制定を求める全国キリスト教連絡協議会・日本キリスト教協議会在日外国人の人権委員会・マイノリティ宣教センター（編）『からふるな仲間たちⅠ──外国にルーツを持つ人々とともに』（ブックレット）マイノリティ宣教センター、2018年。

毛受敏浩（編著）『自治体がひらく日本の移民政策』明石書店、2016年。

＜インターネット・映像資料等＞

NHK NEWS WEB（https://www 3 .nhk.or.jp/news/）
　「"ベルギー最悪の街"を変えた"世界一の市長"その秘策とは？」（2018年5月16日、配信記事）（2018年11月5日閲覧）

NHK BSスペシャル「ベトナム難民を支えて－17年目のあかつきの村」（1998年10月3日放送）

NHK ETV特集「佐藤さんとサンくん～難民と歩む　あかつきの村～」（2018年11月3日放送）

群馬県（http://www.pref.gunma.jp/）
　「群馬県多文化共生推進指針」（2018年8月1日閲覧）

言論NPO（http://www.genron-npo.net/）
　「第14回日中共同世論調査」（2018年11月5日閲覧）
　「第6回日韓共同世論調査」（2018年11月5日閲覧）

公益社団法人日本ユニセフ協会ホームページ（https://www.unicef.or.jp/）

国立社会保障・人口問題研究所（http://www.ipss.go.jp）
　「人口統計資料集2018　表1-5　総人口、人口増加、性比及び人口密度の将来推計：2015～65年」（2018年11月5日閲覧）

社会福祉法人フランシスコの町あかつきの村ホームページ（http://akatsuki.christian.jp/）

田中志穂「精神障害を持つインドシナ難民たちの最後の拠り所。あかつきの村で今日も紡がれる「ただ共にあること」の意味」（認定NPO法人 難民支援協会運営ウェブマガジン『日本複雑紀行』）（2018年3月29日配信。2018年11月1日閲覧）

法務省（http://www.moj.go.jp/）
　「平成30年版『出入国管理』（白書）日本語版」（2019年2月4日閲覧）

文部科学省（http://www.mext.go.jp/）
　「定住外国人の子どもに対する緊急支援について」（文科初第8083号、平成21年3月27日）（2018年11月5日閲覧）
　「小・中学校への就学について　就学事務Q&A」（2018年11月5日閲覧）

著者紹介

西舘　崇（にしたて　たかし）　はじめに、第1章、6章、コラム1、2、11担当

　共愛学園前橋国際大学准教授。専門分野は国際協力学。大学時代には、国際関係の理論研究を行う一方で、指導教員らとともにフィリピンでNGO活動を行ったり、北京大との若者交流に参加したりと、机上と現場の双方で学ぶ。大学院修了後は外務省などで研究業務に携わる一方、震災後の東北地方への現地調査を行う。現在は学生と共に、真の国際協力のあり方を求めて地域に学び、活動している。主要著者に「留学生による伊勢崎地域インターンシップ事業の意義」『共愛学園前橋国際大学論集』（第18号）2017年など。群馬県在住。

大嶋果織（おおしま　かおり）　第2章、3章、コラム3、4、5、10担当

　共愛学園前橋国際大学教授。専門分野は実践神学（キリスト教）。前職で宗教者の立場から「子どもの権利」ならびに「性と人権」の問題に取り組んだ経験を活かし、大学では「共生社会への諸課題を探求する」というテーマでゼミの学生たちとフィールド研修を行っている。主要著書に『沖縄にみる性暴力と軍事主義』お茶の水書房（共著）2017年、『教会教育の歩み－日曜学校から始まるキリスト教教育史』教文館（共著）2007年など。群馬県在住。

本堂晴生（ほんどう　はるお）　第4章、5章、コラム6、7、8、9、おわりに担当

　NPO法人「Gコミュニティ」代表理事。慶応義塾大学大学院修了後（電気工学修士）、（株）日立製作所勤務。その後、米国駐在を経験。定年退職後は中国ベンチャー企業の東京事務所勤務を経て、2009年からNPOにて文部科学省「『虹の架け橋教室』事業」、文化庁「『生活者としての外国人』のための日本語教育事業」のコーディネーター活動に携わる。現在、不就学を含む外国人児童生徒等の教育支援に加え、親の支援及び地域の活性化活動を推進。自ら立ち上げた2つのNPOを含め3団体で活動中。群馬県在住。

イラスト
細ノ　夏末　（ほその　なつみ）

　2014年～2018年、共愛学園前橋国際大学AP事務局で学修支援員として勤務。その傍ら印刷物デザインを受注、制作。長野県在住。趣味は埴輪と土偶を眺めること。

謝　辞

　本書の執筆にあたり、たくさんの方々のご協力とお力添えを頂きました。特に、相京恵さま（グローリーハイグレイス社）、アウン・ティンさま（在日ロヒンギャ協会）、小野修一さま（小野労務経営管理事務所）、櫻井洋樹さま（あかつきの村所長）、葉内アンドレさま（TAX CowCow伊勢崎店）、ハーフィズ・ムハンマド・アハマド・カマルさま（伊勢崎マスジド）、林勉さま（アバンセコーポレーション）、山本雄次さま（Ds in Japan）（以上、五十音順）、そして群馬県多文化共生推進士の皆さま、群馬県及び各市町村多文化共生関連部局の皆さま、大泉町観光協会の皆さま、共愛学園前橋国際大学卒業生の上原メラニエイミさん、間中あかりさん、現役生の有富はじめさんには、ここに記して心からの感謝を申し上げます。最後に、本書の企画から刊行までを親身になってご尽力頂いた上毛新聞社事業局出版部の一倉基益さま、清水真奈美さま、そして関係者の皆さまに厚くお礼を申し上げます。

群馬で学ぶ多文化共生

令和元年6月15日　初 版 発 行

編著者　西舘　崇・大嶋果織・本堂晴生

共愛学園前橋国際大学
〒379-2192　群馬県前橋市小屋原町1154－4
TEL　027-266-7575（代表）

発　行　上毛新聞社事業局出版部
〒371-8666　前橋市古市町1－50－21
TEL　027-254-9966